한국 대표 시인
100명이 추천한
애송시
100편

어느 가슴엔들
시가 꽃피지 않으랴
2

한국 대표시인
100명이 추천한
애송시
100편

어느 가슴엔들
시가 꽃피지 않으랴
2

문태준 엮고 해설 · 잠산 그림

민음사

● 차례

● 한국 대표 시인 100명이 추천한 애송시 100편

풀 김수영 · 10

즐거운 편지 황동규 · 14

동천 서정주 · 18

묵화 김종삼 · 22

사슴 노천명 · 26

저녁눈 박용래 · 31

한계령을 위한 연가 문정희 · 34

우리가 물이 되어 강은교 · 38

님의 침묵 한용운 · 42

삽 정진규 · 47

푸른 곰팡이—산책시 1 이문재 · 50

산문에 기대어 송수권 · 54

산정묘지 1 조정권 · 58

순은이 빛나는 이 아침에 오탁번 · 68

사라진 손바닥 나희덕 · 74

소 김기택 · 78

어떤 적막 정현종 · 82

우리 오빠와 화로 임화 · 86

긍정적인 밥 함민복 · 94

박꽃 신대철 · 99

겨울-나무로부터 봄-나무에로 황지우 · 102

너와집 한 채 김명인 · 106

어디로? 최하림 · 110

서시 윤동주 · 114

봄 이성부 · 119

내 몸속에 잠든 이 누구신가 김선우 · 122

나그네 박목월 · 127

상한 영혼을 위하여 고정희 · 130

수묵 정원 9 — 번짐 장석남 · 134

울음이 타는 가을 강 박재삼 · 139

눈물 김현승 · 142

섬진강 1 김용택 · 146

의자 이정록 · 150

오탈한 자가 문득 김중식 · 154

방심 손택수 · 158

마음의 수수밭 천양희 · 162

절벽 이상 · 166

조국 정완영 · 171

일찍이 나는 최승자 · 174

갈대 등본 신용목 · 178

해바라기의 비명— 청년 화가 L을 위하여 함형수 · 182

희미한 옛사랑의 그림자 김광규 · 186

서시 이시영 · 192

낙화 이형기 · 196

추일서정 김광균 · 200

참깨를 털면서 김준태 · 205

가지가 담을 넘을 때 정끝별 · 208

비망록 김경미 · 212

오산 인터체인지 조병화 · 216

모란이 피기까지는 김영랑 · 220

1권 차례

한국 대표 시인 100명이 추천한 애송시 100편

해 박두진
남해 금산 이성복
꽃 김춘수
사평역에서 곽재구
한 잎의 여자 오규원
대설주의보 최승호
빈집 기형도
목마와 숙녀 박인환
별들은 따뜻하다 정호승
겨울 바다 김남조
귀천 천상병
남신의주 유동 박시봉방 백석
잘 익은 사과 김혜순
광야 이육사
성탄제 김종길
혼자 가는 먼 집 허수경
저녁의 염전 김경주
그릇 1 오세영
문의마을에 가서 고은
전라도 가시내 이용악
6은 나무 7은 돌고래, 열 번째는 전화기 박상순
쉬 문인수
향수 정지용
빼앗긴 들에도 봄은 오는가 이상화
바람의 말 마종기

타는 목마름으로 김지하

바다와 나비 김기림

봄바다 김사인

달은 추억의 반죽 덩어리 송찬호

사철나무 그늘 아래 쉴 때는 장정일

노동의 새벽 박노해

그리스도 폴의 강 1 구상

생명의 서 유치환

칼로 사과를 먹다 황인숙

농무 신경림

진달래꽃 김소월

반성 704 김영승

성북동 비둘기 김광섭

독도서시 조태일

투명한 속 이하석

보리피리 한하운

솟구쳐 오르기 2 김승희

낙화 조지훈

껍데기는 가라 신동엽

철길 김정환

거짓말을 타전하다 안현미

감나무 이재무

인파이터―코끼리군의 엽서 이장욱

단발 문태준

저문 강에 삽을 씻고 정희성

일러두기

1 시의 맞춤법과 띄어쓰기는 현행 맞춤법 규정을 따랐다. 단, 어감이 현저하게 달라질 경우를 고려하여 고어, 사투리, 뉘앙스가 있는 것들은 그대로 두었다.

2 한글 표기를 원칙으로 하여 원본의 한자는 모두 한글로 바꾸었다. 단, 동음이의어가 있는 경우는 한자를 밝히는 것을 원칙으로 했다.

풀

김수영

풀이 눕는다
비를 몰아오는 동풍에 나부껴
풀은 눕고
드디어 울었다
날이 흐려서 더 울다가
다시 누웠다

풀이 눕는다
바람보다도 더 빨리 눕는다
바람보다도 더 빨리 울고
바람보다 먼저 일어난다

날이 흐리고 풀이 눕는다
발목까지
발밑까지 눕는다
바람보다 늦게 누워도

바람보다 먼저 일어나고
바람보다 늦게 울어도
바람보다 먼저 웃는다
날이 흐리고 풀뿌리가 눕는다

詩

　풀은 이 세상에서 제일로 흔하다. 풀은 자꾸자꾸 돋는다. 비를 만나면 비를 받고 눈보라가 치면 눈보라를 받는다. 한 계절에는 푸르고 무성하지만, 한 계절에는 늙고 병든 어머니처럼 야위어서 마른 빛깔 일색이다. 그러나 이 곤란 속에서도 풀은 비명이 없다. 풀은 바깥에서 오는 것들을 긍정한다.
　풀은 낮은 곳에서 유독 겸손하다. 풀은 둥글게 휘고 둥글게 일어선다. 꺾임이 없는 '둥근 곡선'의 자세가 풀의 미덕이다. 느리지만 처음 있던 곳으로 되돌리는 이 불굴의 힘을 풀은 갖고 있다. 풀은 이변을 꿈꾸지 않는다. 제 몸이 무너지면 그 무너진 자리에서 스스로 제 몸을 일으켜 세운다. 풀은 솔직한 육필이다. 풀은 '발밑까지' 누워도 발밑에서 일어선다. 바닥까지 내려가 보았으므로 풀은 이제 벼랑을 모른다.
　우리는 날마다 새날을 받는다. 새날을 받고도 많은 사람들의 마음은 어제에 있다. 어제의 슬픔과 어제의 이별과 어제의 질병과 어제의 드러움 속에 있다. 그러나 어제의 곤란은 어제의 곤란으로 끝나야 한다. 열등은 어제의 열등으로 끝나야 한다. 우리는 우리 스스로의 내심에 모든 것을 다 갖추고 있다. 이것을 잘 아는 사람은 만 명의 적이 와도 무서움이 없으며 물러섬이 없을 것이다. 자존(自尊)과 자립(自立)의 에너지가 우리의 자성(自性)이다.

나아지고 있다는 믿음, 일어서고 있다는 믿음, 넓고 큰 세상으로 향해 가고 있다는 믿음, 당신을 더 사랑하게 되리라는 믿음······. 우리는 이 짐작과 다짐으로 새날을 살아야 한다. 눈사태를 뚫고 산종(山頂)을 찾아가는 산악인처럼.

「풀」은 김수영의 마지막 작품이고, 우리 시대 100명의 시인들은 이 시를 한국 현대시 100년의 역사에서 가장 좋은 시로 손꼽았다. 올해로 김수영은 40주기를 맞지만, 그의 시는 사람들 가슴속에 눕고 울고 일어서며 푸르게 살아 있다.

즐거운 편지

황동규

1

내 그대를 생각함은 항상 그대가 앉아 있는 배경에서 해가 지고 바람이 부는 일처럼 사소한 일일 것이나 언젠가 그대가 한없이 괴로움 속을 헤매일 때에 오랫동안 전해 오던 그 사소함으로 그대를 불러 보리라.

2

진실로 진실로 내가 그대를 사랑하는 까닭은 내 나의 사랑을 한없이 잇닿은 그 기다림으로 바꾸어 버린 데 있었다. 밤이 들면서 골짜기엔 눈이 퍼붓기 시작했다. 내 사랑도 어디쯤에선 반드시 그칠 것을 믿는다. 다만 그때 내 기다림의 자세를 생각하는 것뿐이다. 그동안에 눈이 그치고 꽃이 피어나고 낙엽이 떨어지고 또 눈이 퍼붓고 할 것을 믿는다.

詩

　황동규 시인은 올해로 등단 50주년을 맞는다. 반세기 동안이나 그는 우리말을 정갈하게 빚었고 우리말의 숨결을 세세하게 보살펴 고아(高雅)하게 했다. 놀랍게도 「즐거운 편지」는 황동규 시인이 1958년《현대문학》에 발표한 그의 데뷔작이다. 영화「기쁜 우리 젊은 날」과「편지」등에서 낭송이 되어 뜨거운 사랑을 받았다. 이 시에서 모티프를 얻었다는 허진호 감독의 「8월의 크리스마스」의 원제목도 '즐거운 편지'였다고 한다. 이제 이 시는 한국인의 애송시가 되었다. 만남과 이별의 회전 속도가 이처럼 빠른 시대에 이 시는 왜 여전히 사람들의 가슴을 설레게 하는가. 왜 여전히 막막하게 하는가. 헤어져 돌아가던 옛사랑의 뒷모습을 보게 하는가.
　하늘이 먹먹하게 어두워지고 주먹눈이 막 내리는 날이면 어디 먼 산골이나 바닷가 민박집에라도 가고 싶어진다. 작은 넝쿨에 말라붙는 붉은 열매 같은 눈빛을 하고서 눈이 내리는 그 시간을 살고 싶어진다. 눈이 그치면 순백의 설원과 설원

위를 유행(遊行)하는 바람의 노래를 듣고 싶어진다. 그리고 멀리 두고 온 사람을 '가까스로' 떠올릴 것이다. 세상에서 가장 적막한 시간에 나를 선택하지 않은 사랑을 떠올리는 일은 아주 사소한 일이 될 것이다. "해가 지고 바람이 부는 일처럼 사소한" 일이 될 것이다. 너무 사소하여서 손을 놓고 아무 일도 하지 못할 것이다. 너무 사소하여서 봄 여름 가을 겨울을 그렇게 이 세상에서 잊혀진 듯 살 것이다. 폭설에 갇힌 순한 산짐승처럼 우는 일은 더더욱 없을 것이다. 그대가 나에게 마지막으로 건넨 이별의 말은 나의 가슴에서 깨끗하게 씻어 낼 것이다. 겨울 하늘에 뜬 달이 천강(千江)을 비추어도 그대는 나를 생각하지 말라. 그대가 나의 사랑을 다시 받아 안는 날이 와도, 내가 아주 저 산골짜기 깊은 산막에서 그대를 기다리고 있을 것이라고 생각하지 말라. "그동안에 눈이 그치고 꽃이 피어나고 낙엽이 떨어지고 또 눈이 퍼붓고" 하는 그런 아주 짧은 후일에도 그대는 나를 생각하지 말라.

동천(冬天)

서정주

내 마음속 우리 님의 고운 눈썹을
즈믄 밤의 꿈으로 맑게 씻어서
하늘에다 옮기어 심어 놨더니
동지섣달 날으는 매서운 새가
그걸 알고 시늉하며 비끼어 가네

詩

겨울 밤하늘을 올려다본다. 얼음에 맨살이 달라붙듯 차갑고 이빨은 시리다. 문득 궁금해진다. 미당(未堂) 서정주 시인은 왜 한천(寒天)에 사랑의 일과 사랑의 언약과 사랑의 얼굴을 심어 두었을까. 손바닥으로 쓸어 보아도 온기라고는 하나 없는 그곳에 왜 하필 사랑을 심어 두었을까. 매서운 새조차 "비끼어 가"는 사랑의 결기를 심어 두었을까.

생심(生心)에 대해 문득 생각해 본다. 처음으로 마음이 생겨나는 순간을 생각해 본다. 무구한 처음을, 손이 타지 않아서 때가 묻지 않은 처음을, 부패와 작파가 없는 처음을, 신성한 처음을. 미당이 한천을 염두에 둔 것은 처음의 사랑과 처음의 연민과 처음의 대비와 처음의 그 생심이 지속되기를 바랐기 때문은 아니었을까. "심어 놨"다고 한 까닭도 생심 때문이 아니었을까. 심는다는 것은 생육(生育)한다는 것 아닌가. 여리디여린 것, 겨우 자리 잡은 것, 막 숨결을 얻은 것, 젖니 같은 것, 이런 것이 말하자면 처음이요, 생양해야 할 것들 아닌가. 미당은 초승달이 점점 충만한 빛으로 나아가듯 처음의 사랑 또한 지속되고 원만해지기를 기도했는지도 모를 일이다.

미당의 시에는 생명 없는 것을 생장시키는 독특한 영기(靈氣)가 서려 있다. 그는 시 「첫사랑의 詩」에서 "초등학교 3학년 때/ 나는 열두 살이었는데요./ 우리 이쁜 여선생님을/ 너무나 좋아해서요./ 손톱도 그분같이 늘 깨끗이 깎고,/ 공부도 첫째를 노려서 하고,/ 그러면서 산에 가선 산돌을 주의다가/ 국화밭에 놓아 두곤/ 날마다 물을 주어 길렀어요."라고 하지 않았던가. 산돌을 주워 와서 물을 주어 길렀듯이 이 시에서도 미당은 "고운 눈썹"을 생장시키는 재기를 보여 준다.

미당의 시에는 유계(幽界)가 있다. 그는 "무슨 꽃으로 문지르는 가슴이기에 나는 이리도 살고 싶은가"라며 황홀을 노래했지만, 그는 우주의 생명을 수류(水流)와 같은 것으로 보았다. 흘러가되 윤회하는 것으로 보았다 이 운행에서 그는 목숨 받은 이들의 만나고 헤어지는 일을 노래했다. 목숨 없는 것에는 목숨의 숨결을 불어 넣었다. 미당의 시의 최심(最深)은 삶 너머의, 이승 이전의 유계를 돌보는 시심에 있다. 이 광대한 요량으로 그는 현대시사에 수많은 활구(活句)를 낳았다.

묵화(墨畵)

김종삼

물 먹는 소 목덜미에
할머니 손이 얹혀졌다.
이 하루도
함께 지났다고,
서로 발잔등이 부었다고,
서로 적막하다고,

詩 김종삼 시인의 시는 짧다. 짧고 군살이 없다. 그의 시는 여백을 충분히 사용해 언어가 잔상을 갖도록 배려했다. 그리고 아주 담담하다. 언어를 욱여넣거나 막무가내로 끌고 다닌 흔적이 없다. 사물과 세계를 대면하되 사물과 세계의 목소리를 나직하게 들려준다. 그의 시를 읽고 있으면 물안개가 막 걷히는 새벽 못을 보고 있는 듯하다. 그의 시를 읽고 있으면 작은 여울에 누군가가 정성스레 놓아둔 몇 개의 징검돌을 보고 있는 것 같다.

「묵화(墨畵)」의 목소리도 자분자분하다. 하루의 노동을 끝내고 막 돌아와 쌀 씻은 쌀뜨물을 먹고 있는 소를 보여 준다. 그의 시선은 소의 목덜미에 가 있다. 하루 종일 써레나 쟁기를 끌었을, 멍에가 얹혀 있었을 그 목덜미를 보여 준다. 목덜미에는 굳은살이 박였을 것이다. 그러곤 소의 목덜미와 할머니의 손을 교차시킨다. 할머니도 노동을 마치고 돌아와 소와 함께 날이 저무는 저녁을 맞고 있다. 할머니는 겹주름처럼 고랑이 나 있는 밭에 쪼그려 앉아 풀을 뽑고 돌을 캐내고 종일 호미질을 했을 것이다. 시인의 시선은 소와 할머니의 부은 발잔등으로 옮아간다. 부은 발잔등을 보여 줄 뿐이지만, 우리는 소와 할머니의 하루가 얼마나 고단했을지 짐작할 수 있다.

시인이 눈여겨본 대목은 소와 할머니의 관계일 것이다.

소는 할머니를, 할머니는 소를 마주하고 있다. 이 둘 사이에 조용하고 평화롭고 안쓰러운 대화와 유대가 오가고 있다. 낮의 소란과 밤의 정적이 합수(合水)하는 성스러운 시간에 마치 삶이란 본래 비곤하고 외롭고 쓸쓸한 것이라는 듯 소와 할머니는 잠시 멈춰 서로를 바라보고 있다. 그리하여 이 둘의 '서로 돌봄'은 훈훈하면서도 슬프다.(우리는 얼마나 이 '쓸쓸한 돌봄'을 자주 잊고 사는가.) 이 시를 다 읽고 나면 우리는 얼굴 가득 흐뭇하게 피어나던 웃음이 천천히 묽어지는 감정의 변화를 겪게 된다. 본래 삶이란 웃음과 슬픔으로 꿰맨 두 겹의 옷감이라는 듯.

김종삼 시인은 등산모를 곧잘 썼고 파이프 담배를 자주 물었고 술을 좋아했고 고전음악을 즐겨 들었다. 그에게 삶은 "방대한/ 공해 속을 걷"는 일처럼 여겨졌다. 그는 "하늘나라 다가올 때마다/ 맑은 물가 다가올 때마다/ 라산스카/ 나 지은 죄 많아/ 죽어서도/ 영혼이/ 없으리"라며 인간의 원죄를, 불구의 영혼을 아프게 노래했다. 그러면서도 그는 "슨하고 명랑하고 맘 좋고 인정이 있"는 사람들과 세상을 좋아하고 동경했다. 그의 시는 말이 적었지만 정직했다. 언어의 낭비가 많고 외화(外華)에 골몰하는 시대를 살수록 언어를 지극히 아껴 쓴, 먹그림같이 실박하게 살다 간 김종삼 시인이 그립다.

사슴

노천명

모가지가 길어서 슬픈 짐승이여
언제나 점잖은 편 말이 없구나
관이 향기로운 너는
무척 높은 족속이었나 보다

물속의 제 그림자를 들여다보고
잃었던 전설을 생각해 내곤
어찌할 수 없는 향수에
슬픈 모가지를 하고 먼 데 산을 쳐다본다

詩 노천명 시인은 어릴 때 홍역을 앓아 사경을 헤매다 다시 소생했는데 이 때문에 이름을 '천명(天命)'으로 바꾸었다. 하늘로부터 다시 받은 목숨으로 천수(天壽)를 누리라는 뜻으로 이름을 바꾸었으나 평생 독신으로 살다 1957년 타계했다. 노천명 시인은 고독의 차가운 차일을 친 시인이었다. 실제로도 고독벽이 있었다. 시「자화상」에서 자신의 풍모를 "몹시 차 보여서 좀체로 가까이 하기 어려워한다."라고 썼고, "꼭 다문 입은 괴로움을 내뿜기보다 흔히는 혼자 삼켜 버리는 서글픈 버릇이 있다."라고 썼다.

이 시는 한 마리의 사슴을 등장시켜 자신의 모습을 투영한다. 시인은 사슴의 몸통과 다리를 배제한 채, 자화상을 그리는 화가처럼 사슴의 목 윗부분을 그려 낸다. 관(뿔)을 쓴 "높은 족속"으로 스스로를 도도하고도 고고하게 표현하지만, 2연에서는 물리칠 수 없는 마음의 통증을 보여 준다. 마음의 통증은 어디에서 연유할까. 노천명은 많은 시편에서 어릴 때의 평온했던 시간으로 귀소하려는 욕구를 드러낸다. "절편 같은 반달이 싸리문 위에 돋고", "삼밭 울바주엔 호박꽃이 화안한 마을"로 시인의 마음은 자주 이끌린다. 그 시간들은 화해와 무(無)갈등과 동화적인 세계이다. 그런 세계를 동경하는 화자와 현실 사이의 괴리가 마음의 결손을 유발한다. 그 괴리의 거리와 슬픔의 크기를 시인은 가냘프고 긴 사슴의 목에 빗대어 말하고 있다.

 삶은 고독과 갈등의 경전이다. 우리는 이 세상의 몸을 받을 때부터 고독의 의복을 입고 태어났다. 그러나 우리는 고독의 정면(正面)을 보고 싶어 하지 않는다. 고독의 시간이라야 우리는 진정으로 우리를 만날 수 있고, 그때 참회와 기도가 생겨나게 되지만. 해서 모든 종교적인 시간은 고독의 시간이지만. 릴케의 표현처럼 "고독은 비와도 같은 것"이며, "(고독은) 서로 미워하는 사람들이 같은 잠자리에서 함께 잠을 이루어야 할 때"처럼 흔하게 찾아오는 것. 너무나 마음 쓸 데가 많아서 도무지 고독할 시간조차 없다고 말하지 말자. 이 시를 애송하는 시간에라도 우리는 우리의 근원적인 고독의 시간을 살자. 나의 자화상을 솔직하게 들여다보자. 고립감이 자기애로 나아가더라도. 설혹 자기애에 빠져 나르키소스처럼 한 송이의 수선화로 피어나더라도.

 남빛 치마와 흰 저고리를 즐겨 입었다는 노천명 시인은 한국시사에서 시적 대상을 시적 화자와 겹쳐 놓음으로써 현대 서정시의 동일성 시학을 선보인 최초의 여성 시인이었다.

저녁눈

박용래

늦은 저녁때 오는 눈발은 말집 호롱불 밑에 붐비다

늦은 저녁때 오는 눈발은 조랑말 발굽 밑에 붐비다

늦은 저녁때 오는 눈발은 여물 써는 소리에 붐비다

늦은 저녁때 오는 눈발은 변두리 빈터만 다니며 붐비다

詩

 박용래는 과작의 시인이었다. 그는 우리말을 한 땀 한 땀 정성스럽게 기워 시를 써냈다. 그의 시는 가난한 것과 세상이 거들떠보지 않는 작고 하찮은 것들을 세필(細筆)로 세세하게 그려 내고 돌보았다.
 「저녁눈」을 읽으면 허름한 말집(추녀를 사방으로 뼁 두른 집)에 앉아 탁배기를 한잔 하고 있는 박용래 시인이 보이는 듯하다. 말집에는 마차꾼과 지게꾼이 흥성흥성하고, 먼 길을 터벅터벅 걸어온 나귀와 노새가 급한 숨을 내쉬느라 투루루 투레질을 하고, 누군가는 구유에 내놓을 여물을 써느라 작두질을 하고 있었을 것이다. 해는 떨어지고 추운 밤은 오는데 눈발은 삭풍에 내려앉을 곳을 찾지 못하고 있었을 것이다. 그는 호롱불 불빛을 받으며 떠도는 눈발을, 조랑말의 정처 없는 걸음처럼 난분분한 눈발을, 여물 써는 소리처럼 내리는 눈발을 바라보고 있었을 것이다.
 그는 이 시에서 "붐비다"라고 써서 목탄화처럼 평면적인 풍경에 동선(動線)을 끌어넣는가 하면, 한 곳 한 곳 짚어 가던 시선을 들어 올려 휑한 빈 터로 옮김으로써 시의 공간을 일순에 넓게 확장하는 재주를 선보이고 있다.

그는 물러나 앉아 늦은 저녁 눈발 내리는 그 풍경을 하나의 '공터'로 읽었을 것이다. 마차꾼과 지게꾼의 떠도는 삶과, 내일이면 또 먼 길을 떠나야 하는 그네들의 노심초사와, 나귀와 노새의 공복(空腹)을 읽었을 것이다.

박용래 시인은 술판에서 엉엉 잘 울던 마음 여린 시인이었다. 친진하게 잘 울어 '눈물의 시인'이라는 별명까지 얻었다. 박용래 시인과 절친했던 소설가 이문구는 「박용래 약전(略傳)」이라는 글에서 박용래 시인의 잦은 눈물에 대해 이렇게 썼다. "모든 아름다운 것들은 언제나 그의 눈물을 불렀다. 갸륵한 것, 어여쁜 것, 소박한 것, 조촐한 것, 조용한 것, 알뜰한 것, 인간의 손을 덜 탄 것, 문명의 때가 아니 묻은 것, 임자가 없는 것, 아무렇게나 버려진 것, 갓 태어난 것, 저절로 묵은 것……. 그는 누리의 온갖 생령(生靈)에서 천체의 흔적에 이르도록 사랑하지 않은 것이 없었으며, 사랑스러운 것들을 만날 적마다 눈시울을 붉히지 않은 때가 없었다."

박용래 시인이 생전에 살았던 대전시 오류동 17번지의 15호를 찾아가면 "감새/ 감꽃 속에 살아라"라고 노래했던 선한 그가 "윤회 끝/ 이제는 돌아와" 다시 살고 있을까.

한계령을 위한 연가

문정희

한겨울 못 잊을 사람하고
한계령쯤을 넘다가
뜻밖의 폭설을 만나고 싶다.
뉴스는 다투어 수십 년 만의 풍요를 알리고
자동차들은 뒤뚱거리며
제 구멍들을 찾아가느라 법석이지만
한계령의 한계에 못 이긴 척 기꺼이 묶였으면.

오오, 눈부신 고립
사방이 온통 흰 것뿐인 동화의 나라에
발이 아니라 운명이 묶였으면.

이윽고 날이 어두워지면 풍요는
조금씩 공포로 변하고, 현실은
두려움의 색채를 드리우기 시작하지만
헬리콥터가 나타났을 때에도

나는 결코 손을 흔들지는 않으리.
헬리콥터가 눈 속에 갇힌 야생조들과
짐승들을 위해 골고루 먹이를 뿌릴 때에도……

시퍼렇게 살아 있는 젊은 심장을 향해
까아만 포탄을 뿌려 대던 헬리콥터들이
고라니나 꿩들의 일용할 양식을 위해
자비롭게 골고루 먹이를 뿌릴 때에도
나는 결코 옷자락을 보이지 않으리.

아름다운 한계령에 기꺼이 묶여
난생처음 짧은 축복에 몸 둘 바를 모르리.

詩

　겨울에 사랑이 찾아온 연인들에게 이 시를 읽어 보라고 권한다. 우선 어렵지가 않다. 쉽고, 리듬이 있어 흐르는 물처럼 출렁출렁한다. 이야기도 있다. 그런데 눈이 쌓여 무게가 생기듯이 어느 순간 이 시는 우리의 가슴께를 누르며 묵직하게 쌓이기 시작한다. 한 편의 시를 읽는 경험에도 "뜻밖의 폭설"은 내린다. 폭설이 내려, 우리는 압도되어 이 시 안에 고립된다.
　큰 고개를 넘으면서 느닷없는 폭설을 만나고 싶다는 말은 사실 좀 도발적이다. 우리는 그 불편을 알기 때문이다. 그러나 시인은 "못 잊을 사람하고" 폭설에 갇히고 싶다고 말한다. 폭설에 갇히는 것이 고립의 공포로 엄습해 오더라도. 사실 사랑만이 실용적인 것을 모른다. 사랑은 당장의 불편을 모른다.
　모든 사랑은 고립의 추억을 갖고 있다. 서랍 깊숙이 넣어둔 연애편지가 있거든 꺼내서 다시 읽어 보라. 연애편지는 고립의 기억, 고립의 문장 아닌가. 둘만의 황홀한 고립. 그러니 사랑에게 고립은 고립이 아니다. 우리는 사랑을 지속시키는 한 기꺼이 고립을 선택할 것이다. 그것이 후일에는 우리의 몸과 마음을 무너뜨리더라도, 그것이 모든 길을 끊어 놓더라도. 사랑은 은밀하고, 은밀해서 환하다.

문정희 시인은 여고 시절부터 전국의 백일장을 휩쓸었다. 백일장 당선 시들을 모아서 여고 3학년 때 첫 시집을 냈다. 타고난 재기를 예쁘게 본 미당 서정주 시인이 시집의 서문을 썼고, '꽃숨'이라는 시집 제목도 달아 주었다. 그녀는 여성의 지위와 몸을 관습이라는 이름으로 가두려는 것들을 거부하면서 한국시사에서 '여성'을 당당하게 발언해 왔다. 그러면서 여성 특유의 감수성으로 사랑의 가치를 활달하고 솔직하게 표현해 왔다. "한 사람이 떠났는데/ 서울이 텅 비었다"라는 그녀의 문장은 얼마나 아름다운가. 사랑은 미래에 있는 것이 아니라 현재의 활동이다. 톨스토이가 말한대로 "아무도 사랑하지 않고 있어 보라. 사랑은 소멸하고 말 것이다."

우리가 물이 되어

강은교

우리가 물이 되어 만난다면
가문 어느 집에선들 좋아하지 않으랴.
우리가 키 큰 나무와 함께 서서
우르르 우르르 비 오는 소리로 흐른다면.

흐르고 흘러서 저물녘엔
저 혼자 깊어지는 강물에 누워
죽은 나무뿌리를 적시기도 한다면.
아아, 아직 처녀인
부끄러운 바다에 닿는다면.

그러나 지금 우리는
불로 만나려 한다.
벌써 숯이 된 뼈 하나가
세상의 불타는 것들을 쓰다듬고 있나니.

만 리 밖에서 기다리는 그대여
저 불 지난 뒤에
흐르는 물로 만나자.
푸시시 푸시시 불 꺼지는 소리로 말하면서
올 때는 인적 그친
넓고 깨끗한 하늘로 오라.

詩

물은 선하다. 물은 그 자체로 흐르는 모습이다. 흐르는 에너지이다. 물은 작은 샘에서 솟고, 뿌리에게 스미고, 하나의 의지로 뭉쳐 흐르고, 환희로 넘치고, 작별하듯 하늘로 증발하고, 우수가 되어 떨어져 내리고, 다시 신생의 생명으로 돌아와 이 세계를 흐른다. 물은 큰 자궁이어서 생명을 길러 낸다. 활짝 핀 한 송이 꽃의 배경에 물은 있다. 물은 저돌적이지 않아서 생명을 보듬어 안는다. 물은 부드럽다. 생명이 원래 부드러운 내심을 갖고 있듯이. 물은 고통을 씻어 내고 물은 고독을 적셔 주고 물은 세계의 오탁을 맑게 한다. 해서 물은 더욱 선하다.

우리가 태어나고 사귀고 웃고 슬프고 울고 아득히 사라질 때에도 물은 우리보다 먼저 이 세계에 왔으며 우리보다 먼저 사라졌으며 우리보다 먼저 다시 태어났으니, 유한한 우리에게 물은 한 번도 태어난 적이 없고 한 번도 사라진 적이 없다. 물은 불과 흙과 공기와 더불어 이 세계가 온존하는 한 온존할 것이다. 해서 물은 모든 탄생과 소멸을 완성하며, 그 자체로 소생하고 순환하는 생명이다.

이 시를 읽을 때면 '선한 물'에 대해 생각하게 된다. 불이 어떤 부정과 대립이라면 물은 그마저도 끌어안는 어떤 관용.

물은 사랑. 자주 침묵하지만 한 번도 사랑을 잊은 적이 없는 마음 큰 이. 우리도 서로에게 물이 되어 서로의 목숨 속을 흐를 수 없을까. 우리는 그렇게 만날 수 없을까. 물과 같고 대지와도 같은 침묵의 큰 사랑일 수 없을까.

강은교 시인이 「사랑법」이라는 시에서 "떠나고 싶은 자/ 떠나게 하고/ 잠들고 싶은 자/ 잠들게 하고/ 그리고도 남는 시간은/ 침묵할 것.// 또는 꽃에 대하여/ 또는 하늘에 대하여/ 또는 무덤에 대하여// 서둘지 말 것/ 침묵할 것.// (……)// 가장 큰 하늘은 언제나/ 그대 등 뒤에 있다."라고 노래했듯이.

강은교 시인은 1968년에 등단해 올해로 등단 40주년을 맞았다. 초기에 발표한 시들이 강한 허두 의식을 드러냈기 때문에 그녀를 '허무의 시인'이라고 부르기도 했지만, 그녀의 시는 민중적인 서정에도 가 닿고, 사소하고 하찮은 생명들을 끌어안기도 하는 등 아주 큰 스펙트럼을 보여 주었다. 나는 어느 해엔가 그녀가 시의 낭송과 울림을 통해 사람들의 마음속 질병과 상처를 치료하는 '시 치료' 공연을 하는 것을 감명 깊게 본 적이 있다. 그때에도 지금에도 강은교 시인은 이 세계의 순례자로서, 이 세계의 구원을 위해 생명수를 구해 오는 바리데기의 현신이다.

님의 침묵

한용운

님은 갔습니다. 아아 사랑하는 나의 님은 갔습니다.
푸른 산빛을 깨치고 단풍나무 숲을 향하여 난 작은 길을 걸어서, 차마 떨치고 갔습니다.
황금의 꽃같이 굳고 빛나던 옛 맹세는 차디찬 티끌이 되어서, 한숨의 미풍에 날아갔습니다.
날카로운 첫 키스의 추억은 나의 운명의 지침(指針)을 돌려 놓고, 뒷걸음쳐서 사라졌습니다.
나는 향기로운 님의 말소리에 귀먹고, 꽃다운 님의 얼굴에 눈멀었습니다.
사랑도 사람의 일이라, 만날 때에 미리 떠날 것을 염려하고 경계하지 아니한 것은 아니지만, 이별은 뜻밖의 일이 되고 놀란 가슴은 새로운 슬픔에 터집니다.
그러나 이별을 쓸데없는 눈물의 원천을 만들고 마는 것은 스스로 사랑을 깨치는 것인 줄 아는 까닭에, 걷잡을 수 없는 슬픔의 힘을 옮겨서 새 희망의 정수박이에 들어부었습니다.

우리는 만날 때에 떠날 것을 염려하는 것과 같이, 떠날 때에 다시 만날 것을 믿습니다.

아아 님은 갔지마는 나는 님을 보내지 아니하였습니다.

제 곡조를 못 이기는 사랑의 노래는 님의 침묵을 휩싸고 돕니다.

詩

　　만해(萬海) 한용운은 일제강점기를 살다 간 혁명가요, 시인이요, 수행자였다. 「님의 침묵」은 1926년에 펴낸 그의 유일한 시집 『님의 침묵』의 표제 시이자 서시이다. 이 시는 님과의 이별과 이별의 슬픔을 재회(再會)로 역동적으로 바꿔 놓는다. 이런 극적 구성은 불교 특유의 유심적 상상력 때문에 가능했을 것이다. 마음의 중심을 돌이키는 것으로써 만해는 있음과 없음, 좋음과 그렇지 못한 것, 가능한 것과 가능하지 않은 것, 만남과 이별의 경계를 무너뜨렸다. 아마도 만해의 시를 올연히 뛰어나게 하는 힘은 한쪽 극단으로 치우치려는 마음의 편당(偏黨)과 굴복을 받아들이지 않으려 한 그의 수행자적 기풍에 있지 않을까 싶다. 그리고 그 지점에서 역설의 화법이 생겨났을 것이다.
　　만해는 시집의 맨 앞에 놓인 「군말」에서 "님만 님이 아니라, 기룬 것은 다 님이다. 중생이 석가의 님이라면, 철학은 칸트의 님이다. 장미화(薔薇花)의 님이 봄비라면 마시니의 님은 이태리다. 님은 내가 사랑할 뿐 아니라 나를 사랑하나니

라. 연애가 자유라면 님도 자유일 것이다. 그러나 너희는 이름 좋은 자유에 알뜰한 구속을 받지 않느냐."라고 썼다. 만해는 님을 절대적인 추앙의 대상으로만 보지 않았고, 님과 나의 관계를 적극적이고도 능동적으로 해석했다. 만해는 너 안에서 님을 발견하고 완성하고자 한 실천가였다.

조선의 땅덩어리가 하나의 감옥인데 어떻게 불 땐 방에서 편히 살겠느냐며 만해는 냉골의 거처에서 꼿꼿하게 앉아 지냈다. 해서 '저울추'라는 별명이 따라다녔다. 돌집(조선총독부)이 다주 보이는 쪽으로 당신의 집을 지을 수 없다며 심우장을 북향으로 지었다는 일화도 유명하다. 만해는 깨달음을 얻은 후 오도송에서 "사나이 이르는 곳 어디나 고향인데 얼마나 많은 사람들이 나그네의 수심에 잠겼던가. 한마디 소리쳐 우주를 설파하니 눈 속의 복숭아꽃 붉게 붉게 나부낀다." 라고 읊었다. '눈 속에 핀 복숭아 꽃송이'가 바로 만해의 시요, 만해의 정신이었다 할 것이다.

삽

정진규

    삽이란 발음이, 소리가 요즈음 들어 겁나게 좋다 삽, 땅을 여는 연장인데 왜 이토록 입술 얌전하게 다물어 소리를 거두어들이는 것일까 속내가 있다 삽, 거칠지가 않구나 좋구나 아주 잘 드는 소리, 그러면서도 한군데로 모아지는 소리, 한 자정(子正)에 네 속으로 그렇게 지나가는 소리가 난다 이 삽 한 자루로 너를 파고자 했다 내 무덤 하나 짓고자 했다 했으나 왜 아직도 여기인가 삽, 젖은 먼지내 나는 내 곳간, 구석에 기대 서 있는 작달막한 삽 한 자루, 닦기는 내가 늘 빛나게 닦아서 녹슬지 않았다 오달지게 한번 써 볼 작정이다 삽, 오늘도 나를 염(殮)하며 마른 볏짚으로 한나절 너를 문질렀다

詩

　시인은 언어의 맨살을 만진다. 말과의 상면과 말의 '한 줄금 소나기'를 만나는 순간의 경이를 시인은 표현한다. 우리의 마음에서 세상에 대한 경이가 사라지는 것은 슬픈 일이다. 보고 듣고 냄새를 맡고 혀를 대어 보고 생각을 만드는 이 날것의 감각에서 소위 맛이 사라지면 살맛이 가실 것이니 이 세상은 얼마나 캄캄한 절망이겠는가. 이 세상을 다시 맞는 아침에는 당신도 "아, 세상이 맛있다!"라고 말해 보라. 애초에 생(生)에는 무력감이 없으므로.

　시「삽」에는 경이가 있다. 나도 '삽'을 발음해 본다. 입술이 모시조개처럼 예쁘게 모인다. 손으로 목화를 따 들이는 느낌이 있다. 시인은 이 발성의 쾌감에 희열한다. 그리고 거기서 좀 더 들어간다. "젖은 먼지내 나는 내 곳간"에 작달막한 삽 한 자루가 세워져 있는 것을 보여 준다. 언젠가 제대로 한번 써 볼 생각으로 연일 "마른 볏짚으로" 문질러 놓아 녹슬지도 않았다.(나도 나의 아버지가 들일을 마친 해 질 무렵에 마른 볏짚으로 삽날을 문지르는 것을 많이 보았다. 그 저녁 풍경의 숙연함이여!)

시인은 무슨 일에 이 삽을 사용하려 하는 것일까. 당신의 사랑을 얻을 때에 한 번 뜨고, 종국에 닥칠 나의 죽음을 내 스스로 거두어들일 때 한 번 뜨겠다고 한다. 생의 한 경이를 포착한 이 시가 참 좋은 이유는 시 전반부의 발성의 쾌감이 후반부의 비장함으로 진행되는 데에 있다. 비장하지만 마구 심각하지는 않다. 다가올 시간에 대한 기다림이 있기 때문이다. 이 또한 경이다. 경이가 없다면 기다림도 없을 것이므로.(연애에 경이가 사라지는 순간 우리의 애인들이 내일을 기다리지 않고 당장 모두 떠나가 버리는 것처럼.)

시 전문지 월간《현대시학》의 주간을 맡고 있는 정진규 시인은 산문시의 성공적인 전형을 제시하고 있는 시인이다. 그의 산문시는 영혼을 한순간에 탁, 부려 놓는다. 그리하여 산문시 아닌 시들보다 오히려 더 아름다운 음악을 만들어 낸다. 시 쓰는 일을 비유하길 세상을 배알하는 일이라고 겸손하게 말하는 그는 올해로 칠순을 맞았다. 그의 시는 종심(從心)이되 어긋남이 없으니 무량무변하다.

푸른 곰팡이
―산책시 1

이문재

아름다운 산책은 우체국에 있었습니다
나에게서 그대에게로 편지는
사나흘을 혼자서 걸어가곤 했지요
그건 발효의 시간이었댔습니다
가는 편지와 받아 볼 편지는
우리들 사이에 푸른 강을 흐르게 했고요

그대가 가고 난 뒤
나는, 우리가 잃어버린 소중한 것 가운데
하나가 우체국이었음을 알았습니다
우체통을 굳이 빨간색으로 칠한 까닭도
그때 알았습니다, 사람들에게
경고를 하기 위한 것이겠지요

詩

이문재 시인의 시들은 치열하고 내부가 끓고 있다. 그의 시들은 결사(結社)를 한다. 주로 도시와 문명의 급소를 공격해 단숨에 제압한다. 시「푸른 곰팡이」가 실려 있는 두 번째 시집『산책시편』(1993)은 시단에서 많은 주목을 받았다. 그는 이 시집을 통해 우리가 유토피아라고 믿어 의심치 않는 도시적 공간의 무서운(파시스트적인) 속도에 대항해 '게으르고 어슬렁거리고 해찰하는' 8편의 산책시(散策詩) 연작을 발표한다. 그는 "아파트 단지가/ 웨하스처럼, 아니 컴퓨터 칩처럼/ 촘촘하게 박혀"있는 곳을 느릿느릿 걷는다. 그는 "도시는 단 한 사람의 산책자도/ 인정하지 않으려 합니다 느림보는/ 가장 큰 죄인으로 몰립니다/ 게으름을 피우거나 혼자 있으려 하다간/ 도시에서 당하고 말지요/ 이 도시는 산책의 거대한 묘지입니다"(「마지막 느림보— 산책시 3」)라고 썼다.

시「푸른 곰팡이」에서도 느림을 예찬한다. 사랑도 산책 같아야 한다고 말한다. 사랑이 산책 같아야 한다는 것은 무슨 뜻인가. 사랑은 불꽃처럼 일어나는 것이지만, 기다림과 그리움의 시간을 살면서 사랑은 무르익고 완성된다는 뜻 아닐까.

사랑하는 사람은 사랑하는 사람에게 한 통의 편지를 써

보라. 아무리 격렬한 사랑에 휩싸인 사람일지라도 백지를 앞에 두면 말문이 막힐 것이다. 그러나, 머뭇거림이 편지의 미덕. 지우고, 생각을 구겨 버리고, 파지(破紙)를 내는 시간에 우리는 사랑의 감정을 솔직하게 만나게 될 것이다. 그리고 사나흘을 또 기다려 보라. 나의 편지가 사랑하는 이의 안뜰과 마루와 품에 전달되기까지의 그 시간을 마른 목으로 가슴 설레며 살아 보라. 푸른 강이 흘러가는 그 기다림의 거리를 살아 보라. 그러는 동안 사랑은 푸른 강의 수심처럼 깊어질 것이다.

  요즘 이문재 시인은 따뜻한 체온의 '손'을 주목하고 있다. 나와 당신 사이에 '내미는 손'이 있어야 한다고 말한다. 근년에 발표한 시 「손은 손을 찾는다」에서 "손이 하는 일은/ 결국 다른 손을 찾는 것이다/ 오른손이 왼손을 찾아/ 가슴 앞에서 가지런해지는 까닭은/ 빈손이 그토록 무겁기 때문이다/ 미안함이 그토록 무겁기 때문이다"라고 썼다. 그의 시는 도시와 문명에 단호하게 맞서는 목소리를 가지고 있지만, 그 속내에는 눈물이 그렁그렁 괸, 그리워하고 연민하는 사랑의 마음이 산다.

산문(山門)에 기대어

송수권

누이야
가을산 그리메에 빠진 눈썹 두어 낱을
지금도 살아서 보는가
정정(淨淨)한 눈물 돌로 눌러 죽이고
그 눈물 끝을 따라가면
즈믄 밤의 강이 일어서던 것을
그 강물 깊이깊이 가라앉은 고뇌의 말씀들
돌로 살아서 반짝여 오던 것을
더러는 물 속에서 튀는 물고기같이
살아오던 것을
그리고 산다화 한 가지 꺾어 스스럼없이
건네이던 것을

누이야 지금도 살아서 보는가
가을산 그리메에 빠져 떠돌던, 그 눈썹 두어 낱을 기러기가
강물에 부리고 가는 것을

내 한 잔은 마시고 한 잔은 비워 두고
더러는 잎새에 살아서 튀는 물방울같이
그렇게 만나는 것을

누이야 아는가
가을산 그리메에 빠져 떠돌던
눈썹 두어 낱이
지금 이 못물 속에 비쳐 옴을

詩 하마터면 이 시는 세상에서 빛을 보지 못하고 유성처럼 사라질 뻔했다. 송수권 시인이 서대문 화성여관 숙소에서 이 작품을 백지에 써서 응모를 했는데, 잡지사 기자가 "원고지를 쓸 줄도 모르는 사람의 원고"라며 휴지통에 버렸다. 당시 편집 주간이었던 이어령 씨가 휴지통에 있던 것을 발견해 1975년 《문학사상》 지면에 시인의 데뷔작으로 발표했다. 이 일화로 '휴지통에서 나온 작품'이라는 입소문을 타 문단에서 화제가 되었고, 발표 이후에는 많은 독자들의 사랑을 받았다.

'누이'를 애타게 호명하고 있지만, 이 시는 남동생의 죽음에 바치는 비가(悲歌)였다. "내 한 잔은 마시고 한 잔은 비워두고" 비어 있는 맞은편을 망연히 바라보았을 그 시방(十方)의 비통함은 짐작되고도 남는다. 시인은 무엇보다 죽은 동생의 환생에 대한 강한 희원을 드러낸다. "더러는 물 속에서 튀는 물고기같이", "더러는 잎새에 살아서 튀는 물방울같이" 등의 역동적인 문장은 적극적인 환생을 바라는 시인의 마음을 엿

보게 한다. 산문(山門)은 속계(俗界)와 승계(僧界)의 경계이고, 이승과 명부(冥府)가 갈라지는 경계인바, 산문에 기대어 생사의 유전(流轉)을 목도하는 것은 큰 고통이 아닐 수 없다. 하지만 생사의 감옥에 갇혀 살아도 죽은 사람은 산 사람의 마음속에서 영생을 살아 이처럼 마음을 절절하게 울리는 노래를 낳았다.

송수권 시인은 전통 서정시의 맥을 이어오면서 황토와 대(竹)와 뻘의 정신에 천착해 왔다. 그는 '곡즉전(曲卽全, 구부러짐으로써 온전할 수 있다.)'을 으뜸으로 받든다. "곡선 속에 슬픔이 있고, 추억이 있고, 들숨이 있지요. 시간이 있고, 희망이 있고, 공간이 있습니다."라고 그는 말한다. 그의 시는 "고깔 쓴 여승이 서서 염불 외는 것" 같아서 사람의 마음을 '애지그 막막'하게 하지만 남도 특유의 가락과 토속어의 사용으로 슬픔과 한을 훌쩍 넘어서는 진경을 보여 준다.

산정묘지(山頂墓地) 1

조정권

겨울 산을 오르면서 나는 본다.
가장 높은 것들은 추운 곳에서
얼음처럼 빛나고,
얼어붙은 폭포의 단호한 침묵.
가장 높은 정신은
추운 곳에서 살아 움직이며
허옇게 얼어 터진 계곡과 계곡 사이
바위와 바위의 결빙을 노래한다.
간밤의 눈이 다 녹아 버린 이른 아침,
산정(山頂)은
얼음을 그대로 뒤집어쓴 채
빛을 받들고 있다.
만일 내 영혼이 천상(天上)의 누각을 꿈꾸어 왔다면
나는 신이 거주하는 저 천상의 일각(一角)을 그리워하리.
가장 높은 정신은 가장 추운 곳을 향하는 법.
저 아래 흐르는 것은 이제부터 결빙하는 것이 아니라

차라리 침묵하는 것.
움직이는 것들도 이제부터는 멈추는 것이 아니라
침묵의 노래가 되어 침묵의 동렬(同列)에 서는 것.
그러나 한번 잠든 정신은
누군가 지팡이로 후려치지 않는 한
깊은 휴식에서 헤어나지 못하리.
하나의 형상 역시
누군가 막대기로 후려치지 않는 한
다른 형상을 취하지 못하리.
육신이란 누더기에 지나지 않는 것.
헛된 휴식과 잠 속에서의 방황의 나날들.
나의 영혼이
이 침묵 속에서
손뼉 소리를 크게 내지 못한다면
어느 형상도 다시 꿈꾸지 않으리.
지금은 결빙하는 계절, 밤이 되면

물과 물이 서로 끌어당기며
결빙의 노래를 내 발밑에서 들려주리.

여름 내내
제 스스로의 힘에 도취하여
계곡을 울리며 폭포를 타고 내려오는
물줄기들은 얼어붙어 있다.
계곡과 계곡 사이 잔뜩 엎드려 있는
얼음 덩어리들은
제 스스로의 힘에 도취해 있다.
결빙의 바람이여,
내 핏줄 속으로
회오리 치라.
나의 발끝에서 머리끝까지
나의 전신을
관통하라.

점령하라.
도취하게 하라.
산정의 새들은
마른 나무 꼭대기 의에서
날개를 접은 채 도취의 시간을 꿈꾸고
열매들은 마른 씨앗 몇 개로 남아
껍데기 속에서 도취하고 있다.
여름 내내 빗방울과 입 맞추던
뿌리는 옫어붙은 바위 옆에서
흙을 물어뜯으며 제 이빨에 도취하고
바위는 우둔스런 제 무게에 도취하여
스스로 기쁨에 떨고 있다.

보라, 바위는 스스로의 무거운 등짐에
스스로 도취하고 있다.
허나 하늘은 허공에 바쳐진 무수한 가슴.

무수한 가슴들이 소거된 허공으로,
무수한 손목들이 촛불을 받치면서
빛의 축복이 쌓인 나목의 계단을 오르지 않았는가.
정결한 씨앗을 품은 불꽃을
천상의 계단마다 하나씩 바치며
나의 눈은 도취의 시간을 꿈꾸지 않았는가.
나의 시간은 오히려 눈부신 성숙의 무게로 인해
침잠하며 하강하지 않았는가.
밤이여 이제 출동 명령을 내리라.
좀 더 가까이 좀 더 가까이
나의 핏줄을 나의 뼈를
점령하라, 압도하라,
관통하라.

한때는 눈비의 형상으로 내게 오던 나날의 어둠.
한때는 바람의 형상으로 내게 오던 나날의 어둠.

그리고 다시 한때는 물과 불의 형상으로 오던 나날의 어둠.

그 어둠 속에서 헛된 휴식과 오랜 기다림

지치고 지친 자의 불면의 밤을

내 나날의 인력으로 맞이하지 않았던가.

어둠은 존재의 처소에 뿌려진 생목(生木)의 향기

나의 영혼은 그 향기 속에 얼마나 적셔 두길 갈망해 왔던가.

내 영혼이 내 자신의 축복을 주는 휘황한 백야를

내 얼마나 꿈꾸어 왔는가.

육신이란 바람에 굴러가는 헌 누더기에 지나지 않는다.

영혼이 그 위를 지그시 내려누르지 않는다면.

詩

 시집 『산정묘지』를 펼쳐 자서(自序)를 대신하고 있는 시 「독락당」을 읽는다. "독락당(獨樂堂) 대월루(對月樓)는/ 벼랑 꼭대기에 있지만/ 옛부터 그리로 오르는 길이 없다./ 누굴까, 저 까마득한 벼랑 끝에 은거하며/ 내려오는 길을 부숴 버린 이." 아주 짧지만 고절이 있다. 찬 서릿발 속에 핀 국화 같고, 차돌처럼 향기를 돌돌 말았다 피는 매화 같다. 시집에 수록된 서른 편의 산정묘지 연작시들을 꿰는 시가 바로 「독락당」이다.

 산정묘지 연작시들은 협소한 한국시의 정신적인 영역을 광대하게 확장했다는 평가를 받았다. 프랑스의 좌파 일간지 《리베라시옹》은 불어로 번역된 산정묘지 시편들의 성과를 대서특필하기도 했다. 시인의 고백에 따르면, 시인이 동양적인 정신주의의 극점을 보여 주는 이 시편들을 쓰게 된 것은 한학자이면서 불교학자였던 김달진 시인과의 만남이 계기가 되었다고 한다. 그 후로 시인은 세속적인 욕망을 덜어 내고 영혼의 품위와 위엄을 지향하는 '고사(高士)의 시'를 선보인다. 시 「코스모스」에서는 "이 꽃을/ 고사모사(高士慕師)꽃이라 부르기를 청하옵니다./ (……)/여기저기 모여 피기를 꺼려/ 저 혼자 한구석을 찾아/ 구석을 비로소 구석다운 분위기로 이루게 하는/ 꽃이옵니다"라고 반속(反俗)을 노래했다.

「산정묘지 1」은 설산 꼭대기에 정신의 처소를 마련해 두겠다는 의지를 보여 준다. "눈이 다 녹아 버린" 질척질척하고 비루한 세계가 아니라 얼음이 꽝꽝 언 침묵의 세계에 살겠다는 결의를 드러낸다. '정신적인 공해'의 공간을 떠나 무서운 고요가 사는 산정에 오르겠다는, 우리가 인간으로서 지켜 내야 할 정신적인 기둥을 잃지 않겠다는 속뜻을 내보인다.

조정권 시인은 언어 감각이 예민할 뿐만 아니라 고건축과 고전음악에 대해서도 일가견이 있다. 평소에 그를 만나면 그는 "자기를 잘 견뎌 내는 일 하나만 잘해도 아주 잘하는 것"이라고 말한다. 도두가 성자가 될 수는 없지만, 세속적인 욕망을 버리고, 시끄럽고 험악한 곳을 버리고 고독하게 물러나 앉아 스스로의 마음을 보살피는 일에 대해 생각해 보자. "바람에 굴러가는 헌 누더기"인 몸을 끌고 저 산정에 오르는 성스러운 즐거움에 대해 생각해 보자.

순은(純銀)이 빛나는 이 아침에

오탁번

눈을 밟으면 귀가 맑게 트인다.
나뭇가지마다 순은의 손끝으로 빛나는
눈 내린 숲길에 멈추어 선
겨울 아침의 행인들.

원시림이 매몰될 때 땅이 꺼지는 소리,
천 년 동안 땅에 묻혀
딴딴한 석탄으로 변모하는 소리,
캄캄한 시간 바깥에 숨어 있다가
발굴되어 건강한 탄부의 손으로
화차에 던져지는,
원시림 아아 원시림
그 아득한 세계의 운반 소리.

이층방 스토브 안에서 꽃불 일구며 타던
딴딴하고 강경한 석탄의 발언.

연통을 빠져나간 뜨거운 기운은
겨울 저녁의
무변한 세계 끝으로 불리어 가
은빛 날개의 작은 새,
작디작은 새가 되어
나뭇가지 위에 내려앉아
해 뜰 무렵에 눈을 뜬다.
눈을 뜬다.
순백의 알에서 나온 새가 그 첫 번째 눈을 뜨듯.

구두끈을 매는 시간만큼 잠시
멈추어 선다.
행인들의 귀는 점점 맑아지고
지난밤에 들리던 소리에
생각이 미쳐
앞자리에 앉은 계장 이름도

버스 · 스톱도 급행 번호도
잊어버릴 때, 잊어버릴 때,
분배된 해를 순금의 씨앗처럼 주둥이 주둥이에 물고
일제히 날아오르던 새들의 날갯짓.
지난밤에 들리던 석탄의 변성(變成) 소리와
아침의 숲의 관련 속에
비로소 눈을 뜬 새들이 날아오르는
조용한 동작 가운데
행인들은 저마다 불씨를 분다.

행인들의 순수는 눈 내린 숲 속으로 빨려 가고
숲의 순수는 행인에게로 오는
이전(移轉)의 순간,
다 잊어버릴 때, 다만 기다려질 때,
아득한 세계가 운반되는
은빛 새들의 무수한 비상(飛翔) 가운데
겨울 아침으로 밝아 가는 불씨를 분다.

詩

겨울 서정시의 대표격인 이 시는 평론가 이숭원의 표현대로 "찬란한 시간의 금비늘"이 반짝반짝한다. "눈을 밟으면 귀가 맑게 트인다."라는 섬세한 감각이나, "순백의 알에서 나온 새가 그 첫 번째 눈을 뜨듯." 같은 투명한 언어 감각을 보라. 시인은 다른 행인들처럼 나뭇가지에 내린 눈을 보고 있었을 것이다. 그런데 이 시의 묘미는 자연현상인 눈의 적설을 생명의 큰 순환으로 읽어 낸 데 있다. 눈이 쌓인 원시림이 석탄이 되고, 탄부의 손에 의해 채탄이 되고, 이층방 스토브의 꽃불이 되고, 하늘로 올라가는 기운이 되고, 다시 숲으로 내려앉는 눈이 되는 그 시간의 돌고 돎—둥근 궤적을 시인은 읽어 내고 있다. 이 '돌아옴'의 발견이 이 시를 빼어나게 하는 게 아닌가 싶다. 우주의 모든 존재가 돌아온 것이라고 생각한다면 이 세계는 얼마나 신비롭고, 얼마나 기특하고, 얼마나 황홀하겠는가.

오탁번 시인은 1966년에 동화 당선, 1967년에 시 당선, 1969년에 소설 당선이라는 신춘문예 3관왕의 화려한 등단 이력을 갖고 있다.(김은자 시인을 아내로 둔 시인 부부로도 유명한데, 김은자 시인도 신춘문예 2관왕 출신이다.) 이 시는 그의 시 데뷔작이다. 너무 가난해서 고등학교 3학년 2학기를 다니지 못했는데 담임 선생님이 졸업장을 우편으로 보내 주었다는 일화를 나는 언젠가 들었다. 대학에서 시 창작 수업을 진행하는 방식도 독특했다. 가끔은 밤새 쓴 시를 칠판에 적어 놓고 학생들에게 터놓고 평가를 받기도 했다. 나도 시 창작 수업을 들었는데 기말시험에 '학교에 자목련나무가 몇 그루인가'를 묻는 문제가 있었을 정도였다.

   요즘 오탁번 시인은 고향으로 내려가 살고 있다. 그의 고향은 충북 제천시 백운면으로 천등산과 박달재 사이에 있는 조그만 마을. 폐교된 모교를 사들여 '원서헌'이라는 문학관을 차렸다. 그곳서 그는 시골 아이들에게 시를 읽히는 훈장님이다. 그곳서 그는 우리가 잊어버린 토박이 우리말을 되살려내는 시를 쓰고 있다. "산 속에 큰 항아리를 하나 묻고 그 속에 들어앉아 글을 쓰고 싶다."라는 그는 "아기를 낳는 산모의 지독한 아픔과 숨찬 기쁨이 바로 시."라고 말하는 순은의 시인이다.

사라진 손바닥

나희덕

처음엔 흰 연꽃 열어 보이더니
다음엔 빈 손바닥만 푸르게 흔들더니
그다음엔 더운 연밥 한 그릇 들고 서 있더니
이제는 마른 손목마저 꺾인 채
거꾸로 처박히고 말았네
수많은 창(槍)을 가슴에 꽂고 연못은
거대한 폐선처럼 가라앉고 있네

바닥에 처박혀 그는 무엇을 하나
말 건네려 해도
손 잡으려 해도 보이지 않네
발밑에 떨어진 밥알들 주워서
진흙 속에 심고 있는지 고개 들지 않네

백 년쯤 지나 다시 오면
그가 지은 연밥 한 그릇 얻어먹을 수 있으려나

그보다 일찍 오면 빈손이라도 잡으려나
그보다 일찍 오면 흰 꽃도 볼 수 있으려나

회산에 호산에 다시 온다면

詩 이별이 이별의 사건으로만 완성된다면 사람에겐 애초부터 마음이라는 게 없었을 것이다. 이별 뒤에 오는 축축한 망각의 시간이 훨씬 고통스럽다. 서서히 잊어 가며 다시 시간을 거슬러 돌아가 축음기처럼 생생하게 이별 이전의 일까지를 재생시키는 모든 과정을 아울러 우리는 이별이라는 사건의 전모(全貌)라고 불러야 할 것이다. 잊는 고통이 없다면 우리는 생명 없는 사물처럼 안색 없이 돌아서기만 하면 될 것이다. 생명 없는 사물의 안색으로 우리가 우리를 헤어진다면 사랑하는 사람과 헤어지는 괴로움을 겪을 일도 없을 것이다. 그러나 큰 사랑은 사랑이 소멸하는 것까지를 포함하는 것. 꽃 이후의 꽃다발 혹은 열매 이후의 열매처럼 쇠잔하게 말라 가는 것까지를 포함하는 어떤 것이 바로 사랑 아니겠는가.

무안의 회산 백련지를 찾아가 본 사람들이 많을 것이다. 많은 사람들은 연꽃이 만개한 그 시간을 찾아가겠지만, 시인은 연못이 폐선처럼 가라앉는 시간에 거기를 찾아간 모양이다. 흰 연꽃도, 푸른 손바닥 같은 연잎도, 따뜻한 한 공기의 밥 같은 연밥도 없는 시간. 시인은 뒤늦게 그 연못을 찾아간 모양이다. 마치 애별리고(愛別離苦)를 겪고 있는 친구를 만나러 간 사람처럼. 그 연못에서 시인은 연밥과 연잎과 연꽃의 시간을 다시 살려 낸다. 우리의 습관인 순차적인 짐작과는 다른 방식으로.

누군가의 말대로 나희덕 시인은 '울음의 감별사'이다. 그녀는 한 산문에서 마른 석류를 들여다본 일에 대해 쓴 적이 있다. 붉은 석류가 마르면서 바람 빠진 공처럼 물렁물렁해지고 거기서 작은 붙레들이 기어 나오는 것을 보면서 "삶이란 완벽한 진공포장이 될 수 없다는 사실에 오히려 안도했다."라고 적었다. 세상의 통증 하나하나와 만날 때 투덜대고, 서운해하며 토라지고, 대놓고 직설적으로 말하는 그녀의 시편들은 시원시원하게 정직해서 비옥하다. 그녀는 복숭아나무 같은 시인이다. 가까이 다가가면 흰 꽃과 분홍 꽃 사이에 수천의 빛깔을 펼쳐 놓는 복숭아나무. 복숭아나무가 그토록 눈이 부신 나무임을 처음 알게 해 준, 복숭아나무와 친족인 시인.

소

김기택

소의 커다란 눈은 무언가 말하고 있는 듯한데
나에겐 알아들을 수 있는 귀가 없다.
소가 가진 말은 다 눈에 들어 있는 것 같다.

말은 눈물처럼 떨어질 듯 그렁그렁 달려 있는데
몸 밖으로 나오는 길은 어디에도 없다.
마음이 한 움큼씩 뽑혀 나오도록 울어 보지만
말은 눈 속에서 꿈쩍도 하지 않는다.

수천만 년 말을 가두어 두고
그저 끔벅거리고만 있는
오, 저렇게도 순하고 동그란 감옥이여.

어찌해 볼 도리가 없어서
소는 여러 번 씹었던 풀줄기를 배에서 꺼내어
다시 씹어 짓이기고 삼켰다간 또 꺼내어 짓이긴다.

詩

쟁기와 써레와 달구지를 끌던 소, 두터운 혀로 억센 풀을 감아 뜯던 소, 송아지를 낳아 대학 공부를 시켜 주던 소, 추운 날 아버지가 덕석을 입혀 주던 소, 등을 긁어 주면 한없이 유순해지던 소, 코뚜레가 꿰어 있는 소, 우시장에 팔려 가는 아침에는 주먹 같은 눈물을 뚝뚝 흘리던 소…….

소에게 들일이 점점 없어지면서 소의 쓸모는 이제 비육에만 있다지만 소만큼 오랫동안 농가를 살려 온 짐승도 드물다. 일하러 갈 땐 강한 무릎으로 불끈 일어서던 소. 뿔이 솟아 있으나 뿔을 사용하는 일이 거의 없는 소. 소의 느린 걸음걸이와 큰 눈과 우직함을 생각해 본다.

김기택 시인은 소에 관한 시를 네 편 썼다. 꾀는 파리를 쫓아내지도 못하는 무력한 소, 무게를 늘리기 위해 강제로 물을 먹인 소, 도살되는 순간 바람이 빠져나가서 빈 쇠가죽 부대가 되어 버린 소에 대해 썼다. 시집『소』의 표제작인 이 시는 소에 관한 그의 네 번째 시이다. 전작들이 소의 비극적인 몸에 관한 시라면 이 시는 소라는 종(種)의 역사를 바라보는 시인의 슬픈 시선이 있다. 한마디의 말도 사용할 줄 모르고 다만 울음이 유일한 언어인 소. 오직 끔벅거리고만 있는 소의 눈. 우리가 최초에는 가졌을, 혹은 오히려 우리를 더 슬프게 내내 바라보았을 그 "순하고 동그란 감옥"인 눈. 당신에게 내뱉으면 눈둘이 될 것 같아 속에 가두어 두고 수천만 년 동안 머뭇거린 ㄴ의 말……

김기택 시인의 시는 무섭도록 정밀한 관찰과 투시를 자랑한다. 그는 대상을 냉정하고도 빠끔히 묘사한다. 그는 하등동물의 도태된 본능을 그려내거나 사람의 망가진, 불구의 육체를 고집스럽게 그려 냄으로써 역설적이게도 생명이 고유하게 가지고 있던 생명의 '원시림'을 복원시켜 놓는다.

시 「신생아 2」에서 "아기를 안았던 팔에서/ 아직도 아기 냄새가 난다/ 아가미들이 숨 쉬던 바닷물 냄새/ 두 손 가득 양수 냄새가 난다// 하루 종일 그 비린내로/ 어지럽고 시끄러운 머리를 씻는다/ 내 머리는 자궁이 된다/ 아기가 들어와 종일 헤엄치며 논다"라고 그는 노래했다. 이런 시를 한껏 들이쉬면 어지럽고 시끄럽던 머리가 맑아진다. 선홍빛 아가미가 어느새 새로 생겨난다.

81

어떤 적막

정현종

좀 쓸쓸한 시간을 견디느라고
들꽃을 따서 너는
팔찌를 만들었다.
말없이 만든 시간은 가이없고
둥근 안팎은 적막했다.

손목에 차기도 하고
탁자 위에 놓아두기도 하였는데
네가 없는 동안 나는
놓아둔 꽃팔찌를 바라본다.

그리로 우주가 수렴되고
쓸쓸함은 가이없이 퍼져 나간다.
그 공기 속에 나도 즉시
적막으로 일가(一家)를 이룬다ㅡ
그걸 만든 손과 더불어.

詩 들꽃을 따서 엮은 둥근 꽃팔찌. 그 반짝이는 꽃팔찌를 말 없이 만들었을 당신의 낮과 당신의 손. 가는 손목에 차고 다니다 탁자에 벗어 놓은 당신의 꽃팔찌. 들꽃 같은 시간의 꽃 팔찌. 쓸쓸함과 적막이라는 삶의 시간을 견디게 해 준 꽃팔 찌. 그러나 어찌할 수 없는, 사람이라는 존재의 쓸쓸함과 적 막함. 당신은 없고 이제 나의 팔목에 차 본 둥근 꽃팔찌. 오, 들꽃처럼, 들꽃으로 엮은 꽃팔찌처럼 온기와 생기의 일가를 이루려 했던 당신의 마음.

  이 시처럼 정현종 시인은 작품을 통해 삶의 생기를 발견해 내는 노력을 보여 준다. 그는 전후의 한국 시단에 팽배해 있던 허무주의를 극복하려는 경향을 내내 보여 주었다. 그는 사물들에게 생명의 숨을 불어넣었고, 만물과의 우주적인 교감을 노래했다. 그는 탄력 있는 생각의 샘을 소유한 시인이다. 그의 언어는 은유적이고 율동적인데, "가벼움, 경묘(輕妙)함이 나의 시론의 하나"라고 스스로 밝힌 바 있다. 가볍다는 것은 자유롭다는 뜻. 자유로운 정신은 고통을 뼈저리게 느낀 사람에게만 허락되는 축복일 터. 해서 정현종 시인은 "가숨이 고단 푸르게 푸르게 두근거리는" 시인이다.

"사람들 사이에 섬이 있다/ 그 섬에 가고 싶다"라고 단 두 줄로 짧게 쓴 시 「섬」은 많은 독자들이 여전히 사랑하는 시이며, 그가 번역해 국내에 소개한 네루다와 로르카, 옥타비오 파스 등 외국 시인들의 시집과 시론서들도 많은 관심을 받고 있다.

우리의 영혼은 어둠 속에서도 샛별처럼 빛나야 하는 것. 우리의 영혼은 바닥에 떨어져도 다시 튀어 오르는 공처럼 생동해야 하는 것. 시인은 한 대담에서 "이 세상이 내 앞에 처음으로 있는 것처럼 그렇게 느껴라. 그렇게 살라"고 당부한다. 오늘은 그의 시 「꽃시간」을 함께 읽어 보자. 당신에게도 오늘이 꽃시간이기를, 안팎이 둥근 꽃팔찌의 시간이기를. "시간의 물결을 보아라./ 아침이다./ 내일 아침이다./ 오늘 밤에/ 내일 아침을 마중 나가는/ 나의 물결은/ 푸르기도 하여, 오/ 그 파동으로/ 모든 날빛을 물들이니/ 마음이여/ 동트는 그곳이여."

우리 오빠와 화로

임화

　사랑하는 우리 오빠 어저께 그렇게 위하시던 오빠의 거북무늬 질화로가 깨어졌어요
　언제나 오빠가 우리들의 '피오닐' 조그만 기수라 부르는 영남이가
　지구에 해가 비친 하루의 모—든 시간을 담배의 독기 속에다
　어린 몸을 잠그고 사 온 그 거북무늬 화로가 깨어졌어요

　그리하여 지금은 화젓가락만이 불쌍한 영남이하구 저하구처럼
　똑 우리 사랑하는 오빠를 잃은 남매와 같이 외롭게 벽에가 나란히 걸렸어요

　오빠……
　저는요 저는요 잘 알았어요
　왜—그날 오빠가 우리 두 동생을 떠나 그리로 들어가신

그날 밤에
　연거푸 말은 궐련을 세 개씩이나 피우시고 계셨는지
　저는요 잘 알았어요 오빠

　언제나 철없는 제가 오빠가 공장에서 돌아와서 고단한 저녁을 잡수실 때 오빠 몸에서 신문지 냄새가 난다고 하면
　오빠는 파란 얼굴에 피곤한 웃음을 웃으시며
　……네 돈에선 누에 똥내가 나지 않니―하시던 세상에 위대하고 용감한 우리 오빠가 왜 그날만
　말 한 마디 없이 담배 연기로 방 속을 메워 버리시는 우리 우리 용감한 오빠의 마음을 저는 잘 알았어요
　천장을 향하여 기어올라 가던 외줄기 담배 연기 속에서―오빠의 강철 가슴 속에 박힌 위대한 결정과 성스러운 각오를 저는 분명히 보았어요
　그리하여 제가 영남이의 버선 하나도 채 못 기웠을 동안에
　문지방을 때리는 쇳소리 마루를 밟는 거칠은 구두 소리

와 함께―가 버리지 않으셨어요

 그러면서도 사랑하는 우리 위대한 오빠는 불쌍한 저의 남매의 근심을 담배 연기에 싸 두고 가지 않으셨어요
 오빠―그래서 저도 영남이도
 오빠와 또 가장 위대한 용감한 오빠 친구들의 이야기가 세상을 뒤집을 때
 저는 제사기(製絲機)를 떠나서 백 장에 일 전짜리 봉통(封筒)에 손톱을 부러뜨리고
 영남이도 담배 냄새 구렁을 내쫓겨 봉통 꽁무니를 뭅니다
 지금―만국지도 같은 누더기 밑에서 코를 고을고 있습니다
 오빠―그러나 염려는 마세요
 저는 용감한 이 나라 청년인 우리 오빠와 핏줄을 같이한 계집애이고
 영남이도 오빠도 늘 칭찬하던 쇠 같은 거북무늬 화로를

사 온 오빠의 동생이 아니에요

그리고 참 오빠 아까 그 젊은 나머지 오빠의 친구들이 왔다 갔습니다

눈물 나는 우리 오빠 동무의 소식을 전해 주고 갔어요

사랑스런 용감한 청년들이었습니다

세상에 가장 위대한 청년들이었습니다

화로는 깨어져도 화젓갈은 깃대처럼 남지 않았어요

우리 오빠는 가셨어도 귀여운 '피오닐' 영남이가 있고

그리고 므—든 어린 '피오닐'의 따뜻한 누이 품 제 가슴이 아직도 더웁습니다

그리고 오빠……

저뿐이 사랑하는 오빠를 잃고 영남이뿐이 굳세인 형님을 보낸 것이겠습니까

슬프지도 않고 외롭지도 않습니다

세상에 고마운 청년 오빠의 무수한 위대한 친구가 있고 오빠와 형님을 잃은 수없는 계집아이와 동생 저희들의 귀한 동무가 있습니다

   그리하야 이 다음 일은 지금 섭섭한 분한 사건을 안고 있는 우리 동무 손에서 싸워질 것입니다

   오빠 오늘 밤을 새워 이만 장을 붙이면 사흘 뒤엔 새 솜옷이 오빠의 떨리는 몸에 입혀질 것입니다

   이렇게 세상의 누이동생과 아우는 건강히 오늘 날마다를 싸움에서 보냅니다

   영남이는 여태 잡니다 밤이 늦었어요

—누이동생

詩

임화는 일제강점기에 사회주의 문학 운동을 표방한 조선 프롤레타리아예술가동맹(KAPF)의 핵심 멤버로 카프의 서기장을 지낸 시인이자 평론가였다. 알려진 바에 의하면 임화는 모던 보이였다. 영화 「유랑」과 「혼가」에서 주연을 맞기도 해 '조선의 발렌티노'로 불리었다. 그는 계급주의 문학의 선봉에 서서 카프를 이끌었지만, 막상 1935년에는 카프 해산계를 직접 내야 했다. 해방 직후에는 서울 종로 한청빌딩에 조선문학건설본부라는 간판을 내걸어 좌익 계열 문인들을 규합했다. 그후 박헌영을 따라 월북했으나 '미제의 간첩'으로 몰려 처형당했다.

이 시는 사건적이고 소설적인 데서 시의 소재를 찾았고, 소박하고 '된 그대로의 말'을 사용했고, 노동자들의 낭독에 편한 리듬을 씀으로써 카프 문학을 대표하는 전형적인 '단편 서사시'라는 평가를 받았다. 제사(製絲) 공장 여직공이었다가 이제는 백 장의 봉투를 붙이면 일 전을 버는 일을 하는 화자가 오빠에게 보내는 애틋한 편지글 형식이다. "밤을 새워 이만 장을 붙이면 사흘 뒤엔 새 솜옷이 오빠의 떨리는 몸에 입혀질 것입니다"라는 표현으로 봐서 오빠는 지금 감옥에 갇혀 있는 것으로 보인다. 화로에 '오빠' 혹은 '혁명가의 정신'을 빗대어서 역경(거북무늬 화로가 깨어지는)이 지금 닥쳐왔지만 굴하지 않고 이겨내겠다는 뜻을 밝혀 놓았다.

임화는 올해로 김기림, 김유정, 최재서, 백철과 함께 탄생 100돌을 맞았다. 임화는 1936년에 "오오 적이여, 너는 나의 용기다."라는 자신의 묘비명을 미리 썼다. 고은 시인은 『만인보 20』에서 「임화」라는 시를 통해 "아직껏 한국 문학사에는 버려 둔 무덤이 있다/ 마른 쑥대머리 무덤/ 그 무덤 벙어리 풀려 열리는 날/ 그 무덤 속 해골/ 뚜벅 걸어 나오는 날/ 임화는 오리라// 아름다운 얼굴 다시 오리라 부신 햇살 뿜어 오리라"라고 써 왕양(汪洋)한 기상의 소유자였던 그를 추모했다.

긍정적인 밥

함민복

시 한 편에 삼만 원이면
너무 박하다 싶다가도
쌀이 두 말인데 생각하면
금방 마음이 따뜻한 밥이 되네

시집 한 권에 삼천 원이면
든 공에 비해 헐하다 싶다가도
국밥이 한 그릇인데
내 시집이 국밥 한 그릇만큼
사람들 가슴을 따뜻하게 덥혀 줄 수 있을까
생각하면 아직 멀기만 하네

시집이 한 권 팔리면
내게 삼백 원이 돌아온다
박리다 싶다가도

굵은 소금이 한 됫박인데 생각하면
푸른 바다처럼 상할 마음 하나 없네

詩

"아무리 하찮게 산// 사람의 생(生)과 견주어 보아도// 시(詩)는 삶의 사족(蛇足)에 불과"(「詩」)하지만 시인은 시를 써서 세상의 돈을 번다. 끙끙대고 밤을 새우며 쓴 노력에 비하면 원고료는 박하고, 몇 년 만에 펴내고 받는 인세로 꾸리는 생활은 기궁하다. 그러나 이 가난한 시인은 원고료와 인세를 교환하면 쌀이 두 말, 국밥이 한 그릇, 굵은 소금이 한 됫박이나 되니 든 공에 비해 너무 많은 게 아닌가라고 묻는다. 쌀이 두 말이 되기까지의 노동, 한 그릇의 국밥이 되기까지의 노동, 굵은 소금 한 됫박이 되기까지의 노동에 비하면 내 노동의 대가는 얼마나 고맙고 큰 것인가라고 말한다. 땡볕 속에서 몸으로 얻어 낸 그것들에 비할진대. 이 세상 정직한 사람들의 숭고한 노동에 비할진대.

함민복 시인의 초기 시는 거대 자본주의 현실에 대한 공포를 노래했다. "이 시대에는 왜 사연은 없고/ 납부 통지서만 날아오는가/ 아니다 이것이야말로/ 자본주의의 절실한 사연이 아닌가"(「자본주의의 사연」)라고 노래했고, 서울을 문명을 주사하는 '백신의 도시'라고 이름 붙였다. 그리고 1996년 그는 보증금 없이 월세 10만 원인, 마당에 고욤나무가 서 있는 강화도 동막리 계가 한 채에 홀로 살림을 부렸다. 동네 형님 고기 잡이배를 따라다니며 망둥이, 숭어, 농어를 잡고, 이제는 뻘낙지를 잡을 줄도 아는 어민 후계자 시인이 되었다. 뻘에 말뚝을 박으려면 힘으로 내리박는 것이 아니라 "뻘이 말뚝을 품어 제 몸으로 빨아들일 때까지/ 좌우로 또는 앞뒤로 열심히 흔들어야 한다"(「뻘에 말뚝 박는 법」)는 것도 배웠고, 그물 매는 것을 배우러 나갔다 배를 타고 돌아오면서 "경진 아빠 배 좀 신나게 몰아 보지/ 먼지도 안 나는 길인데 뭐!" (「승리호의 봄」)라며 농담을 할 줄도 안다. 강화의 서해 갯바람과 갈매기와 뻘냄새가 물씬 풍기는 그의 시는 단단한 문명에 맞서는 '부드러움의 시학'으로 나아가면서 우리 시단에서는 한동안 드물었던 '섬 시(詩)' 명편들을 낳고 있다. 강화도의 '물때 달력'을 오늘도 들여다보고 있을 시인아.

박꽃

신대철

박꽃이 하얗게 필 동안
밤은 세 걸음 이상 물러나지 않는다

벌떼 같은 사람은 잠들고
침을 감춘 채
뜬소문도 잠들고
담비들은 제 집으로 돌아와 있다

박꽃이 핀다

물소리가 물소리로 들린다

詩

꽃의 개화를 본 적이 있으신지. 그 잎잎의 열어젖힘을 본 적이 있으신지. 불교에서는 이 세상에서 최고의 일을 씨앗이 움트는 일이라고 했다지만, 꽃의 '열린 앉음새'라 불러도 좋을 꽃의 개화는 사람을 압도한다. 대개 꽃은 사람들의 눈을 피해서 핀다. 천천히 진행되는 개화 파노라마를 관심 있게 시종 지켜볼 만큼 여유롭고 섬세한 마음의 눈을 가진 사람들은 아마도 많지 않겠지만.

이 시에서 사람을 "벌떼 같은 사람"이라고 비유한 부분은 압권이다. 정신없이 분주하고 시끌시끌 작당(作黨)하여 몰려다니며 입으로 바늘 같은 독설을 내뱉는 세간의 사람들을 잉잉거리는 벌떼에 비유했다. 인간의 시간이 깊은 잠에 빠져 들고 소란이 뚝 그쳤을 때 자연의 시간은 도래한다. 그리고 오, 하얀 박꽃은 피어난다. 물소리는 물소리로 들린다. 자연은 자연 그대로 들린다.

자연의 시간에는 살기(殺氣)가 없다. 자연의 시간은 인간의 세계를 맑게 회복시킨다. 씻어 낸다. 시「무인도」에서 "인간을 만나고 온 바다./ 물거품 버릴 데를 찾아 무인도로 가고 있다"라고 했을 때의 무인도처럼, 하산(下山)한 당신도 '죄 짓지 않고' 어슬렁어슬렁 자연의 시간에 살고 싶지 않으신지.

이 시는 '산(山)의 시인'이라고 불러도 좋을 신대철 시인의 첫 시집 『무인도를 위하여』에 실려 있다. 신대철 시인은 1977년 첫 시집을 출간하고 23년간 절필을 했다. 2000년 시작 활동을 재개한 후 근년에는 알래스카, 시베리아 평원, 바이칼 호, 몽골, 두만강 등 원시적이고 광활한 자연에 대한 시들을 발표하고 있다. 그곳에 정착하게 된 사람들의 이산의 역사와 고통을 부각하면서. 신대철 시인은 북파 공작원 부대의 학군 장교로 군 복무를 했고, 그 당시의 기억을 토대로 전쟁과 남북 분단의 아픈 현대사를 시로 표현하기도 했다. 그러나 어린 시절 충청도 청양의 깊은 산에서 화전민으로 살았던 그만의 유니크한 체험은 붉은 혈액이 되어 그의 시의 몸을 움직인다. 그의 시는 큰 산이요 큰 숲이다. 더 깊숙이 평화롭고, 깨금이 떨어지고, 아그배가 떨어지는 그런 곳. 당신도 가서 살고 싶지 않으신지.

겨울-나무로부터 봄-나무에로

황지우

나무는 자기 몸으로
나무이다
자기 온몸으로 나무는 나무가 된다
자기 온몸으로 헐벗고 영하 13도
영하 20도 지상에
온몸을 뿌리박고 대가리 쳐들고
무방비의 나목(裸木)으로 서서
두 손 올리고 벌받는 자세로 서서
아 벌받은 몸으로, 벌받는 목숨으로 기립하여, 그러나
이게 아닌데 이게 아닌데
온 혼(魂)으로 애타면서 속으로 몸속으로 불타면서
버티면서 거부하면서 영하에서
영상으로 영상 5도 영상 13도 지상으로
밀고 간다, 막 밀고 올라간다
온몸이 으스러지도록
으스러지도록 부르터지면서

터지면서 자기의 뜨거운 혀로 싹을 내밀고
천천히, 서서히, 문득, 푸른 잎이 되고
푸르른 사월 하늘 들이받으면서
나무는 자기의 온몸으로 나무가 된다
아아, 마침내, 끝끝내
꽃 피는 나무는 자기 몸으로
꽃 피는 나무이다

詩

황지우 시인의 시 「손을 씻는다」를 함께 읽는다. "하루를 나갔다 오면/ 하루를 저질렀다는 생각이 든다/ 내심으로는 내키지 않는 그자와도/ 흔쾌하게 악수를 했다/ 이 손으로/ 만져서는 안 될 것들을/ 스스럼없이 만졌다"라고 쓴 시. 한 점 오점 없이 살 수는 없다. 저질러 가면서 우리는 산다. 좌충우돌하면서 난동을 부리면서. 그러나 우리가, 우리의 시대가 진화해 가는 것은 우리가 내부적으로 가진 자기반성과 좀 더 나아지려는 희망의 추구 같은 것 때문이다.

이 시는 솔직하다. 나무는 꼭 나무를 지칭하지는 않는다. 헐벗고 무방비이고, 때로는 벌받고, 긴가민가하는 사람으로 읽어도 좋다. 그러나 "이게 아닌데 이게 아닌데"라고 중얼중얼할 줄은 아는 사람이다. 아주 숙맥이거나 속물적이지는 않아서 현재의 환멸을 볼 줄은 아는, 앙가슴이 뛰는 그런 사람. 바깥세상이 영화인지 영상인지 구별할 줄 알아 드디어 버틸 줄도 거부할 줄도 알게 된 사람. 마침내 싹도 잎도 틔우면서 불쑥 기립하여 봄의 나무가 된 사람. 자력의 운동성을 가진,

스스로를 혁명하는 사람. 자기 몸을 쳐서 바다를 건너가는 새 같은 사람. 의지의 사람……. 우리는 이런 봄나무를 기다리는 것 아닌가.

황지우 시인은 1980년대를 날카로운 풍자로 노래했다. 그는 1980년대의 독재와 살해와 검열에 맞선 '시의 시국 사범'이었다. 한 대담에서 1980년대의 시대적 상황에 대해 "시대가 우리를 건드렸다."라고 표현했는데, 그의 시는 권력의 중증(重症)을 처절하게 해체하려 한 양심이었다. 설령 그가 시 「뼈아픈 후회」에서 "슬프다// 내가 사랑했던 자리다// 모두 폐허다// (……)// 아무도 사랑해 본 적이 없다는 거,/ 언제 다시 올지 모를 이 세상을 지나가면서/ 내 뼈아픈 후회는 바로 그거다/ 그 누구를 위해 그 누구를/ 한 번도 사랑하지 않았다는 거"라고 써 지나온 삶의 궤적을 돌아보고 있지만, 이 혹독한 자기 검열의 고백이 황지우 시의 미덕이라는 것을 우리는 안다. 시대와의 불화와 선적(禪的)인 기개를 넘나드는 그의 시는 한국시사에서 푸릇푸릇한 '방풍(防風)의 대밭'이다.

너와집 한 채

김명인

길이 있다면, 어디 두천쯤에나 가서
강원남도 울진군 북면의
버려진 너와집이나 얻어 들겠네, 거기서
한 마장 다시 화전에 그슬린 말재를 넘어
눈 아래 골짜기에 들었다가 길을 잃겠네
저 비탈바다 온통 단풍 불붙을 때
너와집 썩은 나무껍질에도 배어든 연기가 매워서
집이 없는 사람 거기서도 눈물 잣겠네

쪽문을 열면 더욱 쓸쓸해진 개옻 그늘과
문득 죽음과, 들풀처럼 버팅길 남은 가을과
길이 있다면, 시간 비껴
길 찾아가는 사람들 아무도 기억 못하는 두천
그런 산길에 접어들어
함께 불붙는 몸으로 저 골짜기 가득
구름 연기 첩첩 채워 넣고서

사무친 세간의 슬픔 저버리지 못한
세월마저 허물어 버린 뒤
주저앉을 듯 겨우겨우 서 있는 저기 너와집,
토방 밖에는 황토흙빛 강아지 한 마리 키우겠네
부뚜막에 쪼그려 수제비 뜨는 나 어린 처녀의
외간 남자가 되어
아주 잊었던 연모 머리 위의 별처럼 띄워 놓고

그 물색으로 마음은 비포장도로처럼 덜컹거리겠네
강원남도 울진군 북면
매봉산 넘어 원당 지나서 두천
따라오는 등 뒤의 오솔길도 아주 지우겠네
마침내 돌아서지 않겠네

詩

　흔하게도 인생은 여행에 비유된다. 우리는 흘러가면서 만난다. 사람과 붐비는 시장과 웃음과 꽃밭과 폭풍의 바다와 벼랑과 사막을 만난다. 그러므로 삶에는 여독이 있다. 이 시를 읽으며 나는 내 여행의 종착지를 생각한다.
　이 시는 우리의 마음을 적적한 곳으로 데려간다. 세상에서 가장 깊은 골짜기로 가서 살자고 한다. 종일을 살아도 찾아오는 사람이 없을, 개옻 그늘과 늦가을만이 살고 있는 곳. 세상의 쓸쓸함을 다 살아 본 듯 벌써 무욕을 알고, 골짜기보다 더 깊은 눈으로 속리(俗離)한 우리를 맞아 줄 여인이 살고 있는 곳. 그러나 그런 곳이 있을까. 잇속이나 명리나 부귀 같은 것을 손을 털듯 탁, 탁 털어 버린 곳. 더 움켜쥐려는 근욕(根欲)이 사라져 알몸의 자아를 비로소 만날 수 있는 곳. 퇴폐도 맑게 씻기어서 별처럼 빛나는 곳. 삶을 탕진한 사람도 다 받아 줄 것 같은 마지막 성지(聖地). 그곳서 우리의 여행이 끝난다면 후회는 없으리니.

많은 독자들은 김명인 시인의 첫 시집 『동두천(東豆川)』을 기억할 것이다. 기지촌에서 혼혈아에게 국어를 가르치던 시기의 경험을 쓴 동두천 연작은 사회적으로 큰 반향을 불러일으켰으니. "그 아이는 지금 대전 어디서/ 다방 레지를 하고 있는지 몰라/ (……)/ 지금도 기억할까 그대 교내 웅변대회에서/ 우리 모두를 함께 울게 하던 그 한마디 말/ 하늘 아래 나를 버린 엄마보다는/ 나는 돈 많은 나라 아메리카로 가야 된대요"(「동두천 4」)라고 써 수많은 독자를 여지없이 울먹이게 한 시

김명인 시인은 동두천 연작 발표 후에도 지금까지 '욕된 세상'을 살아가는 사람들의 그 막막한 표랑을 강한 연민으로 감싸 안아 온 시인이다. 그는 한국의 서정시가 실험과 해체와 생각의 과잉과 포즈의 유행을 탈 때에도 흔들림 없이 서정시를 지켜 내는 수문신장(守門神將)의 역할을 맡아 왔다. 그의 시에 대해 이승훈 시인은 다음과 같이 평했다. "한마디로 김명인의 시는 마음이 놓인다."라고. 동감이다.

어디로?

최하림

황혼이다 어두운
황혼이 내린다 서 있기를
좋아하는 나무들은 그에게로
불어오는 바람에도 흔들리지 않으며
있고 언덕 아래 오두막에서는
작은 사나이가 사립을 밀고
나와 징검다리를 건너다 말고
멈추어 선다 사나이는 한동안
물을 본다 사나이는 다시
걸음을 옮긴다 어디로?라고
말하지도 않는다

詩

　최하림 시인은 한글세대를 대표하는 시인이다. 1962년 평론가 김현, 김치수, 소설가 김승옥과 한글세대 최초의 동인지《산문시대》를 함께 냈다. 최하림 시인의 시는 점점 그윽하다. 그는 내면의 얼굴을 가만히 바라본다. 조금 걸어 나가면 강이 바라보이는 양수리 그의 집에 갔을 때에도 그는 어둠이 내리는 거실에 오도카니 앉아 있었다. 그의 말은 "참 좋지요."가 전부였다. 그에게는 오연(傲然)함이 없다.
　최하림 시인은 빛과 어둠, 정지와 운동 사이의 미묘한 오고 감을 살피는 데 놀라운 실력을 보여 준다. 이 시를 읽어도 그렇다. 황혼이 내리는 무렵에 나무들이 있고 바람이 있고 오두막이 있고 사내가 있고 징검다리가 있고 흐르는 물이 있다. 이 존재들의 뒤에는 커튼처럼 황혼이 있다. 황혼은 아래로 하강하고, 바람은 직립한 나무들에게 수평으로 이동하고, 오두막과 사내는 수직으로 서 있거나 수직으로 움직이고, 물은 옆으로 흐른다. 존재들은 내려오고 올라가고 옆으로 이동한다. 움직이는가 했더니 곧 멈추어 선다. 동작을 보여 주지만 격하지 않다. 시인은 돌보듯이 존재들 하나하나에 시선을 건넨다. 하나만을 전유하려는 못된 버릇도 없다. 해서 존재들은 하나

하나가 언뜻언뜻하고 얼핏얼핏하다. 어느 것 하나가 도드라질 양이면 그 윤곽을 살짝 지워 놓는다. 마음은 곧잘 틔쳐나가길 좋아하는데 여기서는 그렇지가 않으니 갸륵하다. 마음은 이렇게 우묵하고 참할 때가 있다.

자작나무 껍질을 머리에 쓰고 너덜너덜하게 옷을 입고 다녔다는, 숨어 살았다는 한산(寒山)은 "우스워라, 나의 길이여/ 거마(車馬)의 자국조차 없네/ 돌고 도는 시내의 굽이를 알 수 없고/ 첩첩의 산은 그 겹을 모르겠네/ (……)/ 내 여기에 이르러 길 잃고 헤매느니/ 그림자를 돌아보며 '어디로?' 물어보네"라고 썼는데, 이 시에서는 나아갈 길의 향방조차 묻지 않는다.

우리는 "우리가 살아야 할 근사한 이유라도 있는 것이냐." 라고 잘 묻는다. 그러나 "어디로?라고" 브채며 질문하지 말자. 다만 거기에 여기에 있을 뿐. 무릎을 모으고 앉아 있을 뿐. "우리는 우리 안에서 일어나는// 소리에 귀 기울이면서 오래도록 걸음을 멈추고 있어야"(「십일 월이 지나는 산굽이에서」)할 뿐. 그럴 때 손결이 한 번 스치고 지나간 듯 삶에는 빛이 인다. 그 빛에 무엇을 더 보태겠는가.

서시

윤동주

죽는 날까지 하늘을 우러러
한 점 부끄럼이 없기를,
잎새에 이는 바람에도
나는 괴로워했다.
별을 노래하는 마음으로
모든 죽어 가는 것을 사랑해야지
그리고 나한테 주어진 길을
걸어가야겠다.

오늘 밤에도 별이 바람에 스치운다.

詩

　　너무나 아름다운 이 시를 통째로 암송할 수 있는 독자들이 많을 것이다. 서정적이고 여성적인 말씨와 어렵지 않은 입말로 쓴 시. 무엇보다 이 시는 우리의 삶을 성찰하게 한다. 천상의 별과 지상의 잎새에 걸쳐 있는 넓은 공간 의식도 놀랍다. 삶은 잠목림 같은 것. 해서 번뇌와 의혹과 부정의 바람은 그치지 않고 불어와 잎새와 같은 우리를 교란시키는 것. 부끄러움은 하루 걸러 오는 것. 그러나 어둠을 배경으로 별은 빛나고, 바람과 같은 시련을 만날 때 큰 사랑은 움트는 것. 다만 우리는 나의 부끄러움으로, 나의 양심으로 나와 내가 살고 있는 이 시대를 고고함과 지순함과 강직함으로 사랑하자.

　　윤동주 시인은 맑은 영혼의 소유자였다. 그는 일제강점기의 어둠과 황폐를 의식의 순결함으로 초월하려고 했다. 그는 "지조 높은 개는/ 밤을 새워 어둠을 짖는다"(「또 다른 고향」)라고 써 스스로를 반성했고, "단 한 여자를 사랑한 일도 없다./ 시대를 슬퍼한 일도 없다"라고 쓰며 자신을 끊임없이 돌이켜 보았다.

　　종교적인 순교의 의지로도 읽히고 독립에의 의지로도 읽히는 등 다양한 해석의 층위를 갖고 있는 이 시를 쓴 것은 1941년 11월로 알려져 있다. 윤동주는 1941년 자선 시집을 내려고 했으나 주변에서 시국을 염려하여 시집 출간 연기를 권함에 따라 뜻을 미루고 일본 유학길에 올랐다. 1943년 7월 치안유지법 위반으로 일본 경찰에 체포되었고 징역 2년을 선고받아 출감을 기다렸지만 불운하게도 해방을 불과 반년 앞둔 1945년 2월 16일 후쿠오카 형무소의 차디찬 바닥에서 옥사했다.

윤동주 시인은 생전에 한 편의 시도 발표하지 못했다. 다만 이 시가 포함된 원고 뭉치가 국문학자 정병욱의 어머니에 의해 장롱 속에 몰래 보관되다가 1948년 『하늘과 바람과 별과 시』라는 유고 시집으로 발간되었다. 정지용 시인은 유고 시집의 서문에서 "무시무시한 고독에서 죽었구나! 29세가 되도록 시도 발표하여 본 적도 없이!"라고 써서 청년 윤동주의 죽음을 애도했다. "가슴속에 하나 둘 새겨지는 별을/ 이제 다 못 헤는 것은/ 쉬이 아침이 오는 까닭이요,/ 내일 밤이 남은 까닭이요,/ 아직 나의 청춘이 다하지 않은 까닭입니다"(「별 헤는 밤」)라고 노래한 영원한 청년 윤동주. 생전에 그는 자기 성찰로 뒤척이는 한 잎의 잎새였으나, 이제 보석처럼 빛나는 천상의 별이 되었다.

봄

이성부

기다리지 않아도 오고
기다림마저 잃었을 때에도 너는 온다.
어디 뻘밭 구석이거나
썩은 물웅덩이 같은 데를 기웃거리다가
한눈 좀 팔고, 싸움도 한판 하고,
지쳐 나자빠져 있다가
다급한 사연 듣고 달려간 바람이
흔들어 깨우면
눈 부비며 너는 더디게 온다.
더디게 더디게 마침내 올 것이 온다.
너를 보면 눈부셔
일어나 맞이할 수가 없다.
입을 열어 외치지만 소리는 굳어
나는 아무것도 미리 알릴 수가 없다.
가까스로 두 팔을 벌려 껴안아 보는
너, 먼 데서 이기고 돌아온 사람아.

詩

　봄! 살찐 볼을 만지는 것 같다. 입 안에 쑥 냄새가 돈다. 노란 산수유 그늘도 펼쳐진다. 연못가 버들개지도 눈을 뜬다. 볕은 보송보송하다. 옷은 가볍고 걸음은 경쾌하다. 찬 없이 따뜻한 밥과 냉잇국 한 그릇을 받고 싶다. 차닥차닥 빨랫방망이 소리가 들리던 옛날의 빨래터도 다시 가 보고 싶다.

　봄! 자연에게만 봄이 다시 돌아오는 것은 아니다. 마음에도 그것은 돌아온다. 인심에도 계절이 있다. 정치가 싸움판을 걷어 내거나, 경제가 잘 돌아 보통 사람의 주머니 사정이 좋아지면 훈풍 부는 봄이 왔다고 한다. 넉넉하고 화창하면 모두 봄이다. 그러므로 봄은 우리의 일상에서 제일로 선호하는 비유의 언어이다. 봄에는 게정게정 불평하는 소리가 싹 사라진다.

　이 시의 맛은 봄을 "먼 데서 이기고 돌아온 사람"으로 빗댄 데 있다. 그러나 이 시에 등장하는 봄의 비유로서의 사람은 순박하고 좀 어수룩하다. 저 잘난 맛에 사는 사람이 아니다. 저기서 기웃거리는 것을 좀 보라. 무리에 끼어서 한눈도 팔고 궂은 데서 뒹굴기도 한다. 자기를 기다리는 사람이 있는 줄을 모르고 한량처럼 "나자빠져" 있기도 한다. 느려 터졌지만 한판 싸움질도 하는 것을 보니 강퍅하니 나름으로는 고집도 센 듯하다. 대처를 떠도느라 산전수전 다 겪었다. 몸 고생 마음 고생이 많았을 것이다. 아, 그러나 사람 냄새가 나는 그는 "마침내" 돌아온다. 민주주의의 도래처럼. 격전지에서 생환한 용사처럼. 봄의 백성이 되어 꿈에도 못 잊고 기다리고 있던 사람의 품으로.

이성부 시인은 남성의 굵직한 목소리를 지닌 민중시인이다. "벼는 서로 어우러져/ 기대고 산다./ 햇살 따가울수록/ 깊이 익어 스스로를 아끼고/ 이웃들에게 저를 맡긴다.// 서로가 서로의 몸을 묶어,' 더 튼튼해진 백성들을 보아라"라고 쓴 시「벼」는 민중서정시의 한 경지를 보여 주었다. 광주 출신의 그는 '80년 광주'를 겪은 후 죄의식으로 방황을 하다 산(山)에서 정신적인 위안을 얻는다. 그는 산행을 통해 "처음에 울적하게 각혔던 것이 나중에는 쾌함을 얻는다."라는 퇴계의 글귀에 공감하게 되었다고 한다. 근년까지는 지리산과 백두대간을 종주한 경험으로 「내가 걷는 백두대간」 연작시를 발표했다.

그가 돌아오고 있다. 오늘은 먼 데서 이기고 돌아오는 봄을 마중 나가자. 들길과 거리와 사람 사는 동네에, 그리하여 이 세상에 봄볕 가득할 때까지.

내 몸속에 잠든 이 누구신가

김선우

그대가 밀어 올린 꽃줄기 끝에서
그대가 피는 것인데
왜 내가 이다지도 떨리는지

그대가 피어 그대 몸속으로
꽃벌 한 마리 날아든 것인데
왜 내가 이다지도 아득한지
왜 내 몸이 이리도 뜨거운지

그대가 꽃피는 것이
처음부터 내 일이었다는 듯이.

詩

'입아아입(入我我入)'이라고 했다. 저것이 나한테 들어 있고, 내가 저것 속에 들어 있다고 했다. 이 세계는 서로가 연결되어 주고받는 중중무진(重重無盡) 연기의 세계이다.『법화경』을 보면 입아아입을 몸소 실천한 상불경보살(常不輕菩薩)이라는 이가 있다. 그는 길에서 만나는 사람에게 "나는 당신을 공경합니다. 나는 당신을 가벼이 여기지 않습니다."라고 말하면서 살았다. 막대기나 돌멩이로 때릴 때도 피해 도망가면서 그는 이렇게 말했다. 후일에 많은 사람들은 상불경보살의 큰 사랑을 알고 그를 예배 공경했다지만.

김선우 시인은 1990년대 여성시의 흐름을 이어오면서 여성의 '육체성'을 재발견하는 작업을 보여 주고 있다. 그런데 그녀의 시를 읽으면 상불경보살이라는 이가 떠오르는 이유는 무엇일까. 그녀의 시는 너와 나의 차별이 없는 큰 화해와 사랑의 세계를 발언한다. 해서 그녀의 시에는 "너의 영혼인 내 몸"이라는 표현이 나오고, "나 아닌 것들이 나를 빚어/ 그대 아닌 것들로 빚어진 그대를 사랑하오니"와 같은 표현이 등장한다. 젊은 여성 시인인 그녀가 우주 생명에 대한 무차별적 사랑을 가붓한 어조로 고백하는 이유는 이 물질세계를

"고맙고 미안해하던 마음의 떨림이 없고 (상품과 화폐만 있고) 사뭇 괴로운 토즈만 남았다"고 인식했기 때문인 듯하다. 아무튼 그녀의 시는 딱한 생명을 배 속에 품고 강보에 받아 내고 젖을 먹여 길러 내는 모성을 보여 준다. 오르가슴을 느끼는 여성의 몸을 과감하게 등장시켜 관능적이기도 하지만, "아프지 마, 목숨이 이미 아픈 거니까/ 아파도 환한 벼랑이 목숨이니까"라고 말할 때 알 수 있듯이 그녀의 시는 사바세계의 가엾은 목숨을 살려 내는 천수관음(千手觀音)의 마음을 지녀 몸을 섞고 탐하는 쾌락을 넘어선 자리에 있다.

개화를 모티프로 삼고 있는 이 시는 그 뜻이 비교적 쉽게 읽힌다. 그러나 꽃피는 꽃의 몸과 내 몸을 교차시키면서 이 시는 의미의 확장을 얻는다. 꽃과 꽃벌의 혼례가 꽃과 나의 혼례로 얽혀 읽히면서 이 시는 심상치 않은 의미를 낳는다. 그것은 성애적인 열락을 넘어선다. 그러나 "사랑이여 쓰러진 것들이 쓰러진 것들을 위해 울어요"라고 말할 수 있는 사랑의 세계에 이르기까지 우리는 얼마나 더 "밥알을/ 서로의 입에 또 넣어 주"며 살아야 하는가.

나그네

박목월

강나루 건너서
밀밭 길을

구름에 달 가듯이
가는 나그네

길은 외줄기
남도 삼백 리

술 익는 마을마다
타는 저녁놀

구름에 달 가듯이
가는 나그네

詩

　이 시는 박목월이 조지훈, 박두진과 함께 펴낸 3인 시집 『청록집』(1946)에 실려 있다. 임시 정가 30원의 『청록집』을 발간한 이후 세 명의 걸출한 시인들은 '청록파'로 불리게 되었다. 한국 서정시의 큰 산맥을 이룬 이 3인은 모두 정지용의 추천을 받아 문단에 나왔다.
　경주에 살고 있던 박목월을 조지훈이 처음 만난 것은 1942년. 이 시는 박목월과 조지훈의 각별한 관계에서 태어났다. '목월에게'라는 부제가 붙어 있는 조지훈의 시 「완화삼(玩花衫)」에 대한 화답으로 이 시를 썼기 때문이다. 「완화삼」의 "나그네 긴 소매/ 꽃잎에 젖어/ 술 익는 강마을의/ 저녁노을이여"의 한 부분인 '술 익는 강마을의 저녁노을이여'를 부제로 삼았다. 「완화삼」의 시어인 나그네와 구름과 달과 강마을과 저녁노을을 그대로 받아서 썼다. 다만 「완화삼」이 나그네의 구슬픈 우수(憂愁)를 더 드러내면서 가야 할 앞길의 정서적 거리를 "물길은 칠백 리"로 표현했다면, 「나그네」에서는 물처럼 바람처럼 걸림 없이 "남도 삼백 리"의 길을 표표히 가는 나그네의 심사를 부각했다.
　이 시는 내가 아주 어렸을 때 접한 최초의 시였다. 외할머니가 벽에 붙여져 있던 이 시를 '가갸거겨'를 배우던 방식으로 흥얼흥얼하는 것을 곁에서 들었다. 그처럼 이 시는 우리말의 가락이 아주 잘 살아 있다. 조지훈은 박목월의 시에 대해 "압운(押韻)이 없는 현대시에도 이렇게 절실한 심운(心韻)이 있다는 것을 보여 줬다."라고 격찬을 아끼지 않았는데 이 시를 읽으면 역시 그 평이 그르지 않다는 것을 실감하게 된다.

시를 쓸 때에는 꼭 연필을 깎아 썼다는 박목월. 아이들에게 공책을 사 주지 못할 정도로 가난했지만 한지를 묶어 공책을 만들어 줄 정도로 다정다감한 아버지였던 박목월. '산이 날 에워싸고/ 씨나 뿌리며 살아라 한다/ 밭이나 갈며 살아라 한다// 어느 짧은 산자락에 집을 모아/ 아들 낳고 딸을 낳고/ 흙담 안푸에 호박 심고/ 들찔레처럼 살아라 한다/ 쑥대밭처럼 살아라 한다'(「산이 날 에워싸고」)고 노래한 박목월. 시를 알게 되면서부터 본명 박영종(朴泳鐘) 대신 '木月'이라는 큰 자연의 이름을 스스로 붙였던 그. 식민지 현실을 외면했다는 지적이 있지만, 박두진의 말대로 청록파에게 자연은 "온갖 제약을 타개하기 위한 시의 유일한 혈로(血路)"였는지 모른다. 그 한가운데에 '예닯픈 꿈꾸는 사람' 박목월이 있다.

상한 영혼을 위하여

고정희

상한 갈대라도 하늘 아래선
한 계절 넉넉히 흔들리거니
뿌리 깊으면야
밑둥 잘리어도 새순은 돋거니
충분히 흔들리자 상한 영혼이여
충분히 흔들리며 고통에게로 가자

뿌리 없이 흔들리는 부평초 잎이라도
물 고이면 꽃은 피거니
이 세상 어디서나 개울은 흐르고
이 세상 어디서나 등불은 켜지듯
가자 고통이여 살 맞대고 가자
외롭기로 작정하면 어딘들 못 가랴
가기로 목숨 걸면 지는 해가 문제랴

고통과 설움의 땅 훨훨 지나서

뿌리 깊은 벌판에 서자
두 팔로 막아도 바람은 불듯
영원한 눈물이란 없느니라
영원한 비탄이란 없느니라

캄캄한 밤이라도 하늘 아래선
마주 잡을 손 하나 오고 있거니

詩

　　시를 많은 사람들과 "어두운 땅 한 평 가꾸다 갈래요/ 우리나라 하늘 한 평 비추다 갈래요"라고 노래했던 시인 고정희. 이 시를 읽고 있으면 마치 그녀가 상한 영혼의 곁에 앉아 작은 목소리로 "흙에 심은 뿌리 죽는 법 보았나요."라고 묻는 것 같다.
　　평론가 김주연이 분석한 대로 이 시는 "상한 갈대도 꺾지 아니하시고 가는 등불도 끄지 아니하신다."라는 성경의 말씀과 겹쳐 읽힌다. "하늘 아래"라는 표현도 예수의 언약과 임재(臨在)를 둥글게 포괄하고 있는 것으로 보인다. 내 넋으로 기댈 곳 없이 큰 고통에 놓여 있는 사람들을 힘껏 힘껏 껴안고 살겠다는 강한 의지를 이 시는 보여 준다.
　　한국신학대학을 졸업했고 다분히 기독교적인 신앙에 기초한 시편들을 써낸 고정희 시인은 기독교의 현실에 대해서도 날카로운 칼을 들이댔다. "하느님을 모르는 절망이라는 것이 얼마나 이쁜 우매함인가."라고 질문했고, 동시에 "하느님을 등에 업은 행복주의라는 것이/ 얼마나 맹랑한 도착 신앙인가."라며 고민했다. 그녀가 비판하고 날카롭게 투시한 대상은 눈앞의 현실 그 자체였으며, 돌봄이 있는 따뜻한 공동

체는 그녀가 꿈꾸는 세계였다.

고정희 시인은 한 생애를 정열적으로 살다 간 여성운동가이기도 했다. 《여성신문》 초대 편집 주간을 지냈고, 여성주의 문화 집단인 '또 하나의 문화' 창립 동인으로도 활동했다. "제도적 억압의 굴레를 극복하려는 힘, 그것이 자유의지라고 말할 수 있다면 나의 시는 항상 자유의지에 속해 있는 하나의 에너지"라고 자평했는데, 조금의 호락호락함도 없이 평소 신념을 시 창작과 생활에서 실천했다. 한 시대의 깊고 어두운 계곡을 묵상했으므로 그녀의 시는 미지근하거나 웅용한 그것이 아니었다. 그녀의 시는 1980년대의 격문이면서 '우릉우릉 폭발하는 화산'이었다.

1991년 6월 지리산 뱀사골을 오르다 폭우로 불어난 물에 휩쓸려 생을 마감했다. 그녀의 충격적인 죽음을 생각하면 생전에 쓴 시 「지리산의 봄 1—뱀사골에서 쓴 편지」가 자꾸 떠오른다. "아득한 능선에 서 계시는 그대여/ 우르르우르르 우레 소리로 골짜기를 넘어가는 그대여/ (……)/아름다운 그대 되어 산을 넘어갑니다./ 구름처럼 바람처럼/ 승천합니다"라고 쓴 시. 그녀의 시를 읽고 있는 오늘 새벽은 내 가슴이 아프다.

수묵(水墨) 정원 9
―번짐

장석남

번짐,
목련꽃은 번져 사라지고
여름이 되고
너는 내게로
번져 어느덧 내가 되고
나는 다시 네게로 번진다
번짐,
번져야 살지
꽃은 번져 열매가 되고
여름은 번져 가을이 된다
번짐,
음악은 번져 그림이 되고
삶은 번져 죽음이 된다
죽음은 그러므로 번져서
이 삶을 다 환히 밝힌다

또 한번—저녁은 번져 밤이 된다
번짐,
번져야 사랑이지
산기슭의 오두막 한 채 번져서
봄 나비 한 마리 날아온다

詩

번짐이라니. 바뀜이 아니라 번짐이라니. 목련꽃이 피는 일을, 꽃이 지고 열매를 맺는 일을, 계절의 순환을, 너와 나 사이 사랑과 이별의 사건을, 삶과 죽음이 돌고 도는 그 둥긂을, 시간과 공간의 옮김을 번짐이라고 부르다니. 먹물이 화선지에서 고요하게 번지듯이. 그리하여 번짐은 환함이라니. 씨나 날로 결어서 천을 짜듯이 조촘조촘 가는 것이라니. 망설이고 머뭇거리며 나아가는 것이라니. 번짐이라고 부르면 나와 당신은 얼마나 가까운가. 이 생(生)을 받아 가꾸는 일이 얼마나 거룩한가.

장석남 시인의 시는 강한 전염력을 갖고 있다. 그의 시는 '번지면서' 아주 천천히 그리고 조용히 나아간다. 밀어내고 부드럽게 떠나고 밀려 들어오는, 그 '어쩌지 못하는' 사랑의 감정을 잘 표현한다. 우리들 '마음 그늘을 빌려서 잠시 살다 가 가는 것들'을 아주 잘 들여다보고 귀담아듣는 출중한 감각을 자랑한다. "찌르라기떼가 왔다/ 쌀 씻어 안치는 소리처럼 우는/ 검은 새떼들"(「새떼들에게로의 망명」)이라고 쓴다거나, "어미소가 송아지 등을 핥아준다/ 막 이삭 피는 보리밭을 핥는 바람/ 아, 저 혓자국!"(「저녁 햇빛에 마음을 내어 말리다」)이라고 쓸 때의 놀라운 감각이라니!

장석남 시인의 마음에는 '옹근 고요'가 살고 있는 것 같다. 옹근 고요 위에서 그의 시는 태어난다. 고독과 외면과 섭섭함과 흔들림과 설움과 간신히 잦아드는 것과 사소함과 곰곰 궁금함과 은밀함과 찬란함과 되비쳐 옴과…… 그 모든 감정의 섬세한 자세를 그의 시는 그려 낸다. '겨우'라고 수식될 세상 살림들의 속삭임과 혈육인 듯 함께 살면서 '물항아리에 물 차오르면 거기에 어룽대는 물의 빛'과도 같은, 사람의 가슴에 도는 생(生)의 윤기를 발견해 낸다.(삶에 윤기가 없다면 우리가 어떻게 살아갈 수 있겠는가.)

"시에도 자원이라는 게 있다면 그건 갈증/ 그건 아무도 모르게 영혼을 찢어 놓는,/ 남은 모르는 갈증/ 갈증"(「시법(詩法)」)이라고 말하는 그는 우리 시대에 아주 드문 서정시인이다.

첫 시집을 내고 "나는 춤꾼이거나 가수이거나 아니면 유능한 세련맨이 되었어야 옳았다."라고 고백하는, 해서 한때는 전기기타를 배우러 사설 강습소를 다녔다는, 한때는 배우로도 활동한, 거문고를 안고 사치를 부리기도 한다는 장석남 시인. 그를 만날 때마다 나는 확신하게 된다, 모르긴 몰라도 시인은 울림통 하나쯤은 지닌 근사한 악기여야 한다는 것을.

울음이 타는 가을 강

박재삼

마음도 한자리 못 앉아 있는 마음일 때,
친구의 서러운 사랑 이야기를
가을 햇볕으로나 동무 삼아 따라가면,
어느새 등성이에 이르러 눈물 나고나.

제삿날 큰집에 모이는 불빛도 불빛이지만,
해 질 녘 울음이 타는 가을 강을 보것네.

저것 봐, 저것 봐,
네보담도 내보담도
그 기쁜 첫사랑 산골 물소리가 사라지고
그다음 사랑 끝에 생긴 울음까지 녹아나고,
이제는 미칠 일 하나로 바다에 다 와 가는,
소리 죽은 가을 강을 처음 보것네.

詩

　박재삼은 생전에 '슬픔의 연금술사'로 불린 시인이다. 시 「눈물 속의 눈물」에서 "꽃잎 속에 새 꽃잎/ 겹쳐 피듯이// 눈물 속에 새로 또/ 눈물 나던 것이네"라고 노래했듯이 그의 시들은 눈시울이 촉촉하게 젖어 있다.
　박재삼 시인의 대표작 가운데 하나인 이 시는 노을이 붉게 번지는, 굽이쳐 흐르는 강을 산등성이에서 내려다보며 썼을 것이다. '눈물'과 '울음'과 '강'과 '산골 물'과 '바다'로 연결되는 물의 이미지는 누선(淚腺)을 자극하고, '햇볕'과 '불빛'으로 연결되는 불의 이미지는 삶의 소진과 소멸을 두드러지게 하는바, 이 시는 사랑의 비극과 고독과 생(生)의 무상(無常)을 둥뜨게 드러낸다. "마음도 한자리 못 앉아 있는 마음"이라는 표현은 "뉘가 알리, 어느 가지에서는 연신 피고/ 어느 가지에서는 또한 지고들 하는/ 움직일 줄을 아는 내 마음 꽃나무"(「자연」)라는 표현과 쏙 빼닮았다. "눈물 나고나"와 "보것네" 등의 종결어미에서는 그의 다른 시편에서도 예사인 전통적인 가락의 활용을 보여 준다. 이 시가 처음 월간지에 발표된 후 박두진 시인은 "노도(怒濤)처럼 세찬 현대의 휩쓸림 속에서 배추 꽃목처럼 목이 가늘고 애잔한, 실개천처럼 맑고도 잔잔한 서정"이라고 평해 신예 박재삼을 주목했다.

박재삼 시의 가옥을 떠받치는 두 기둥인 '한'과 '가락'의 능수능란한 구사는 그가 자라난 생활환경과 관련이 있다. 일본 도쿄에서 태어나 닥노동을 하는 아버지와 생선 장사를 하는 어머니 밑에서 자랐다. 집이 가난해서 낮에는 중학교 급사로 일하면서 야간반에서 수학을 했다. 집 형편이 옹색해 책을 살 수 없어 『가람시조집』을 빌려다 공책에 베껴 쓰고 늘 외웠고, 중학 시절 김상옥 시인의 작문 지도를 받으면서 전통시의 낭창낭창한 가락에 든떴다.

　병을 얻어 직장을 그만둔 후로는 시를 쓰고 신문에 바둑 관전평을 써서 생계를 꾸렸다. '요석자(樂石子)'라는 이름으로 바둑 관전평을 썼는데 바둑계에서는 그를 '박국수(朴國手)'라고 불렀다. 병을 앓고 난 후, 가난한 시인은 새봄을 맞는 소회를 "눈여겨볼 것이로다, 촉트는 풀잎./ 가려운 흙살이 터지면서/ 약간은 아픈 기(氣)도 있으면서/ 아, 그러면서 기쁘면서……/ 모든 살아 있는 것이/ 형뻘로 보이는 넉넉함이로다."(『병후(病後)에』)라고 썼으니, 우리네 삶이 '햇볕 반 그늘 반'이라 하더라도 오늘 당신은 글썽임보다 반짝이는 쪽을, 촉트는 생동을 보아라.

눈물

김현승

더러는
옥토에 떨어지는 작은 생명이고저……

흠도 티도,
금 가지 않은
나의 전체는 오직 이뿐!

더욱 값진 것으로
드리라 하올제,

나의 가장 나아중 지니인 것도 오직 이뿐!

아름다운 나무의 꽃이 시듦을 보시고
열매를 맺게 하신 당신은,

나의 웃음을 만드신 후에
새로이 나의 눈물을 지어 주시다.

詩

 이 시는 1957년에 펴낸 김현승의 첫 시집 『김현승시초』에 실려 있다. 장정을 서정주 시인이 맡았다고 되어 있는 시집의 당시 가격은 600환. 시인은 "하나에서 열까지 전부를 주선하여 준 서정주 시백의 우의에 깊이 감사를 드린다."라고 자서에 썼다. 서정주 시인은 김현승 시인에 대해 "사람 사이의 정(情)에 철저했던 그는 정의감을 큰 것이건 작은 것이건 고수하는 데서도 철저했던 것인데, 이것은 그의 고독의 원인일 것이다."라고 평가해 친근한 사이임을 자랑했다.
 어린 자식을 잃은 참혹한 슬픔을 노래한 시들은 많다. 김광균의 시 「은수저」가 그렇고, 정지용의 시 「유리창」이 그렇다. 김광균은 "저녁 밥상에 애기가 없다./ 애기가 앉던 밥상에 한 쌍의 은수저/ 은수저 끝에 눈물이 고인다"라고 썼고, 정지용은 "고운 폐혈관이 찢어진 채로/ 아아, 늬는 산새처럼 날아갔구나"라고 썼다.
 아들을 잃고 난 후 창작한 것으로 알려진 시 「눈물」은 독실한 기독교 신앙에 의지해 그 슬픔을 넘어선다. "드리라 하올제"의 대상이나 "당신"은 그가 신앙한 절대자였다. 그는 눈물이야말로 한 점 생명의 씨앗과도 같고, 더러움이 없으며,

인간의 마음이 가장 마지막 순간까지 순금처럼 지니고 살아야 할 것으로 보았다. 일시적이고 가변적인 "웃음"보다는 영혼을 정결하게 하는 "눈물"을 귀하게 보았다. 눈물의 참회 이후 인간이 지니게 될 순수하고 진실한 양심을 옹호했다.

눈물이 너무 흔해서 아무래도 천국엘 못 갈 것 같다고 한 김현승 시인의 자화상은 어떠했을까. "내 목이 가늘어 회의에 기울기 좋고", "연애엔 아주 실망(失望)이고", "눈이 커서 눈이 서러워,/ 모질고 싸특하진 않으나,/ 신앙과 이웃들에 자못 길들기 어려운 나"(「자화상」)라고 써 본인의 내·외형적인 기결의 근사치를 내놓았다.

현대시 100년의 역사에서 김현승처럼 고독과 슬픔을 지독하게 노래한 시인도 드물다. '싸늘한 증류수의 시대'를 살다 간 그에게 고독과 슬픔과 뜨거운 눈물은 본능적으로 이끌리는 것이었다. "슬픔은 나를/ 목욕시켜 준다,/ 나를 다시 한 번 깨끗하게 하여 준다"며 "슬픔 안에 있으면/ 나는 바르다!"라고 썼을 정도로. 숭전대학교(현 숭실대학교) 채플 시간에 기도 중 쓰러진 뒤 병석에서 끝내 일어나지 못했다. 눈물의 옹호자였던 시인은 영혼의 옷마저 벗고 우리 곁을 떠났다.

섬진강 1

김용택

가문 섬진강을 따라가며 보라
퍼 가도 퍼 가도 전라도 실핏줄 같은
개울물들이 끊기지 않고 모여 흐르며
해 저물면 저무는 강변에
쌀밥 같은 토끼풀 꽃,
숯불 같은 자운영 꽃 머리에 이어 주며
지도에도 없는 동네 강변
식물도감에도 없는 풀에
어둠을 끌어다 죽이며
그을린 이마 훤하게
꽃등도 달아 준다
흐르다 흐르다 목메이면
영산강으로 가는 물줄기를 불러
뼈 으스러지게 그리워 얼싸안고
지리산 뭉툭한 허리를 감고 돌아가는
섬진강을 따라가며 보라

섬진강물이 어디 몇 놈이 달려들어
퍼낸다고 마를 강물이더냐고,
지리산이 저문 강물에 얼굴을 씻고
일어서서 껄껄 웃으며
무등산을 보며 그렇지 않느냐고 물어보면
노을 띤 무등산이 그렇다고 훤한 이마 끄덕이는
고갯짓을 바라보며
저무는 섬진강을 따라가며 보라
어디 몇몇 애비 없는 후레자식들이
퍼 간다고 마를 강물인가를.

詩

김용택은 섬진강의 시인이다. 전북 임실군 덕치면 진메 마을에서 태어난 그는 전북 임실군 덕치면 덕치초등학교 선생님이다. 그는 하루도 섬진강을 보지 않는 날이 없이 섬진강과 함께 살아왔다.

그를 1980년대 대표적 농촌시인으로 우뚝 서게 한 섬진강 연작시는 섬진강변의 새와 풀꽃과 흙과 사람들의 이야기를 한가득 담고 있다. 그에게 섬진강이라는 공간은 "치마폭에 쌓이는 눈물은/ 강물에 가져다 버리"(「섬진강 2」)는 누이가 살던 곳이요, "강 건너 산밭에 하루 내내 스무 번도 더 거름을 져 나르"면서 "해 저문 강 길을 홀로 어둑어둑 돌아오시는 어머니"(「섬진강 9」)가 살아온 곳이요, "누구는 이랴자랴 쟁기질 잘하고/ 소 잘 다루고/ 누구는 선일 잘하고/ 모 잘 심고 써레질 잘하고"(「섬진강 13」) 그리하여 다 사람 구실을 하고 인심에 변동이 없는 곳이다.

이 시는 섬진강 연작시의 말머리 시이다. 생명들의 이마에 꽃등을 달아 주는 생명의 젖줄 섬진강을 노래했다. 지도에도 없지만 그네들만은 서로 아끼고 챙겨 가며 뼈 으스러지게 그리워 얼싸안고 사는 곳, 일어서서 껄껄 웃는 지리산과 훤한 이

마 끄덕이는 무등산을 부모처럼 이웃처럼 모시고 사는 곳, 그런 큰 산들의 역사와 함께 살아온 까닭에 지금껏 마른 적 없는 도도한 흐름이 있는 곳, 크고 굳세고 건강한 살림 공동체…….

그의 시는 맑고 정직하다. "나는 내 이웃들의 농사에/ 내 손이 희어서 부끄러웠고/ 뙤약볕 아래 그을린 농사군들의/ 억울한 일생이/ 보리꺼시락처럼 목에 걸려/ 때로 못납이 넘어가지 않아/ 못 드는 술잔을 들곤 했다"(「길에서」)라는 고해성사와도 같은 자기 고백을 보라. 그럼으로써 "우리 어매 날 낳아/ 가난한 일 속에 날 기른/ 헐벗은 젖가슴 같은 산천"(「섬진강 27」)을 다 노래할 수 있는 자격을 부여받았다. 그럼으로써 그는 "아직도 두 눈 시퍼렇게 부릅뜨고/ 땅을 파는/ 농군"(「마당은 비뚤어졌어도 장구는 바로 치자」)의 편에 섰다. 살 아프고 맘 다픈 그들의 편에 서서 환장할 것 같은, 기가 차고 더안이 벙벙한 농촌의 현실을 다 발언했다.

그의 시에서는 포슬포슬한 흙냄새가 난다. 그의 시를 통해 은어떼가 헤엄치는 푸른 강과 넓디넓은 평야를 본다. 가슴이 넓어지고 따뜻하다.

의자

이정록

병원에 갈 채비를 하며
어머니께서
한 소식 던지신다

허리가 아프니까
세상이 다 의자로 보여야
꽃도 열매도, 그게 다
의자에 앉아 있는 것이여

주말엔
아버지 산소 좀 다녀와라
그래도 큰애 네가
아버지한테는 좋은 의자 아녔냐

이따가 침 맞고 와서는
참외밭에 지푸라기도 깔고

호박에 똬리도 받쳐야겠다
그것들도 식군데 의자를 내줘야지

싸우지 말고 살아라
결혼하고 애 낳고 사는 게 별거냐
그늘 좋고 풍경 좋은 데다가
의자 몇 개 내놓는 거여

詩 어른의 말씀을 받아 적기만 해도 시가 될 때가 많다. 주름살 사이에서 나온 말씀이기 때문이다. 짧고 두서없이 울퉁불퉁 불거져 나온 말이지만 마늘처럼 매운맛이 있기 때문이다. 이 시는 어머니가 무심코 던진 말씀으로부터 태어났다. 허리가 아픈 어머니는 앉아 쉴 곳이 눈에 밟혔을 것이다. 어디건 의자에 엉덩이를 붙이고 앉아 허리를 펴고 싶었을 것이다. 이 시가 심상찮은 것은 의자를 내놓을 데를 태연무심하게 열거하는 어머니의 품 큰 생각에 있다. 사람뿐만 아니라 꽃과 열매와 참외밭과 호박과 망자(亡者)에게도 의자를 내주어야 한다는 그 우주적인 마음 씀씀이에 있다. 공생과 배려에 기초한 이런 모성적 마음씨는 식구를 다 거둬 가며 밥을 먹여 온 삶의 연륜에서 생겨난 것이리라.(우리의 어머니가 아니라면 누가 인생을 '결혼하고 애 낳고 사는' 것이라고 먹줄을 대듯 명쾌하게 말할 수 있겠는가.)

이정록 시인의 시에는 모자(母子)가 자주 등장한다. 시 「꽃버슬」에서는 한식날 돌아가신 아버지의 묘를 모자가 찾아간다. 아들은 무덤에 난 쥐구멍에다 꽃다발을 꽂아 드린다. "꽃밥 한 그릇 바치는 것이다". 어머니는 쥐구멍에 술을 따르며 '새끼들이 술 갖고 올 줄 알고/ 입을 동그랗게 벌리고 있구나'라고 익살맞게 말씀하신다. 아들이 "무덤 안에서 뭔 소리 들려요"라고 너스레를 떨자 어머니는 농(弄)으로 "그랴 니 불알 많이 컸다그 그런다"라시며 "아예 술병을 쥐구멍에 박아 놓는다".(모자 사이에 오가는 이 능청능청한 대화여.)

　　이정록 시인의 시는 이처럼 곰살가운 살내가 수북하니 풍긴다. 그의 시를 읽으면 옷 벗고 대중목욕탕에 함께 들어앉아 있는 기분이 든다. "사랑은 울컥이란 짐승의 둥우리"라고 말하는 그는 안간힘을 쓰며 사는, 몸살 앓는 사람들의 머리맡으로 가 슬그머니 앉는다. 식은땀을 흘리는 자식의 머리맡에서 차가운 물수건을 들고 꼬박 밤을 새우던 어머니처럼.

　　그는 시와 삶의 거리를 18.44미터라고 말한다.(18.44미터는 투수판에서 홈 플레이트까지의 거리이다.) 18.44미터가 곧 "너와 나, 사랑과 이별, 탄생과 죽음의 거리"라고 말한다. 그만큼 그의 시는 삶을 정면으로 팽팽하게 응시한다. 삶에 근거해 삶의 현장에서 그의 시는 발발한다.

　　"내 꿈 하나는 방방곡곡 문 닫은 방앗간을 헐값에 사들여서 술집을 내는 것"(「좋은 술집」)이라고 말하는 시인. 가난하고 쓸쓸한 사람들에게 공짜 술도 나눠 주고 봉지 쌀도 나눠 주고 싶다는 시인. 그는 소년교도소에 가서 한문을 가르치기도 하는 천안 중앙고등학교 교사이다.

이탈한 자가 문득

김중식

우리는 어디로 갔다가 어디서 돌아왔느냐 자기의 꼬리를 물고 뱅뱅 돌았을 뿐이다 대낮보다 찬란한 태양도 궤도를 이탈하지 못한다 태양보다 냉철한 뭇별들도 궤도를 이탈하지 못하므로 가는 곳만 가고 아는 것만 알 뿐이다 집도 절도 죽도 밥도 다 떨어져 빈 몸으로 돌아왔을 때 나는 보았다 단 한 번 궤도를 이탈함으로써 두 번 다시 궤도에 진입하지 못할지라도 캄캄한 하늘에 획을 긋는 별, 그 똥, 짧지만, 그래도 획을 그을 수 있는, 포기한 자 그래서 이탈한 자가 문득 자유롭다는 것을

詩 이 시를 읽고 있으면 미국의 대표적인 시인 로버트 프로스트의 시 「가지 않은 길」이 생각난다. 노란 숲 속에 두 갈래 길이 있었으니, 나는 풀이 더 많고 사람이 다닌 발자취가 적은 외로운 길을 선택해서 걸어갔노라고 쓴 시. 그리고 그런 선택으로 인하여 나에게 모든 것이 달라졌다고 쓴 시.

이 아침에도 우리의 눈앞에는 여러 갈래의 길이 놓여 있다. 낯익고 평탄한 길이 있고, 그렇지 않은 길이 있다. 소의 잔등처럼 유순하고 완만하고 반듯해진 길이 있고, 나아갈 틈이 없는 가시넝쿨을 헤치듯 누군가 처음으로 개시(開示)해야 하는 길도 있다. 그러나 '가는 곳만 가고 아는 것만 알 뿐'인 우리는 각 지고 불규칙한 길보단 대열의 후미에서 앞의 궤적을 뒤따라가고 싶어진다. 은근슬쩍 길들여졌으므로, 이 순응을 등지고 뒤집는 일은 엄두를 못 낼 정도로 어렵다.

이 시는 우리 마음에 악착스레 붙어사는 순응주의를 되돌아보게 한다. 보통 사람들의 비겁과 안일에 대해 울화통을 터뜨린다. 앞선 행로에 기생하여 '꼬리를 물고 뱅뱅' 돌고 있는 것은 아닌지를 야멸치게 묻는다. 좌충우돌이면 어떠냐고, 뒤죽박죽이면 어떠냐고 묻는다. 풍파, 그것이 우리들 삶의 표정이며, 우리가 살아 있다는 증거이므로 안주하려 하거나 상처받지 않으려 하지 말라고 호통을 친다. 그러나 이 야유는 좀 불편하다. "병 대신 병적인 것, 아픔 대신 아픔적인 것, 애인 대신 애인적인 것에서 우리는 위안받는다."(「행복하게 살기 위하여」) 그래서 만만히 볼 수 없는 이런 맹랑한 발언은 우리들의 속을 긁어 놓는다.

이 시가 실려 있는 김중식 시인의 첫 시집 『황금빛 모서리』의 시편들은 길들여진 우리의 일상과 사고를 전복하려는 노력을 줄기차게 보여 준다. 그의 시에는 우회(迂廻)가 없다. 그는 스스로 자초하는 존재들의 억센 자유의지를 격려한다. 시집 뒤표지에 이렇게 썼다. "자기 삶을 방목시킨 그를 나는 존경한다. 자기 삶의 주인이기 때문이다. 그러나 방목된 삶은 야생마처럼 갈기를 세우고 주인의 울타리를 넘어서려 한다. 그 고투의 흔적이 역력한 그의 연보를 읽을 때 나는 열등감을 느낀다."

사는 일이 지치고 가야 할 길이 막막할 때 스스로를 이렇게 불러 보자. "주인공아!" 생념(生念)이라 했으니 엄두를 내보자. 박약한 의지를 다시 일으켜 세워 보자. 당신은 당신의 삶의 후견인. 아무도 간 적 없는 길을 당신이 앞서 가고 앞서 간 당신을 당신이 뒤따라가는 것. 야단법석인 이 삶을 살아가야 할 주인공아.

방심

손택수

한낮 대청마루에 누워 앞뒤 문을 열어 놓고 있다가, 앞뒤 문으로 나락드락 불어오는 바람에 겨드랑 땀을 식히고 있다가,

스윽, 제비 한 마리가,
집을 관통했다

그 하얀 아랫배,
내 낯바닥에
닿을 듯 말 듯,
한순간에,
스쳐 지나가 버렸다

집이 잠시 어안이 벙벙
그야말로 무방비로
앞뒤로 뻥

뚫려 버린 순간,

제비 아랫배처럼 하얗고 서늘한 바람이 사립문을 빠져나가는 게 보였다 내 몸의 숨구멍이란 숨구멍을 모두 확 열어젖히고

詩

'마음을 놓다'라는 말 참 오랜만이다. 마음을 풀어 놓아 버린 일 얼마나 오래되었나. 마음 졸이며 염려하고 살아왔을 뿐. 시인은 대청마루에 큰 대 자로 누워 있었던 모양이다. 최대한 마음과 몸을 느슨하게 하고서. 바다처럼 편편하고 넓게 퍼져서. 그런데 스윽, 칼날이 지나가듯 제비가 공중을 한 층 횡으로 서늘하게 자르면서 지나간 모양이다. 손가락을 퉁기는 정도의 짧은 시간 동안에 벌어진 기습처럼. "나락드락 불어오는 바람"보다 더 민첩한 한 줄기 바람으로. 집과 나의 중심부를 뚫고 지나갔으니 급소(명자리)를 맞은 듯 어이없고 어리둥절해서 말을 잃었을 것이다. 그러나 그런 체험은 얼마나 시원한 것인가. 체증이 가신 듯했을 것이다. 마음을 꼭 붙들어 매는 것만이 능사는 아닐 터. 마음을 사방으로 허술하게 경계 없이 풀어 놓는 것으로써 우리는 마음의 열림을 얻기도 한다. 그것이 무방비의 미덕이다. 좀 게으르게 혹은 별 준비 없이 멍청하게 있다가 한번쯤 당해 보기도 해 보라. 그런 당함에는 오히려 소득이 있다. 마음의 앞뒤 문을 다 열어 놓고 있지 않았다면 어떻게 "제비 아랫배처럼 하얗고 서늘한 바람"을 볼 수 있었겠는가. 마음을 조급하게 각박하게 쓰느니 차라리 이처럼 마음에 장애를 아예 만들지 않음이 오히려 '심심(深心)'이요, '정(定)'에 가깝다.

손택수 시인은 동정심이 아주 많은 시인이다. 다른 존재들의 '빛나는 통증'을 그의 시는 받아 안는다. 그의 시는 그가 어렸을 때 자랐다는 전남 담양 강쟁리 마을을 배경으로 태어나는 경우가 많다. 그곳 마을 사람들의 천문(天文)적인 상상력은 그의 시에 들어와 크게 빛을 발하면서 그만의 새로운 서정을 만들어 낸다. "별이 달을 뽀짝 따라가는 걸 보면은 내일 눈이 올랑갑다"(「가새각시 이야기」)라고 말씀하시는 할아버지와, 매달 스무여드렛날은 "달과 토성이 서로 정반대의 위치에 서서/ 흙들이 마구 부풀어 오르는 날"(「달과 토성의 파종법」)이자 "땅심이 제일 좋은 날"이라며 밭에 씨를 뿌리러 가던 할머니의 상통천문(上通天文)이 자주 등장한다.

이시영 시인은 그를 "송곳니로 삶을 꽉 물고 놓지 않는, '고향의 기억'을 잊게 않는 오랜만의 생동하는 민중 서사적 시인"이라고 평가했다. 나는 그의 시를 읽을 때마다 '역린(逆鱗)'을 생각한다. "물고기 비늘 중엔 거꾸로 박힌 비늘이 하나씩 꼭 있다고"(「거꾸로 박힌 비늘 하나」) 하는데, "유영의 반대쪽을 향하여 날을 세우는 비늘"인 역린을 생각한다. 그의 시어는 바닥으로 곤두박질친 생을 펄떡이게 하는, '뿔끈 들어 올려 주는' 힘이 있다. 시에 있어서 가장 든든한 원군(援軍)은 역시 '삶 그 자체'라는 것을 다시 깨닫게 해 준다.

마음의 수수밭

천양희

마음이 또 수수밭을 지난다. 머위 잎 몇 장 더 얹어 뒤란
으로 간다. 저녁만큼 저문 것이 여기 또 있다
개밥바라기 별이
내 눈보다 먼저 땅을 들여다본다
세상을 내려 놓고는 길 한쪽도 볼 수 없다
논둑길 너머 길 끝에는 보리밭이 있고
보릿고개를 넘은 세월이 있다
바람은 자꾸 등짝을 때리고, 절골의
그림자는 암처럼 깊다. 나는
몇 번 머리를 흔들고 산 속의 산,
산 위의 산을 본다. 산은 올려다보아야
한다는 걸 이제야 알았다. 저기 저
하늘의 자리는 싱싱하게 푸르다.
푸른 것들이 어깨를 툭 친다. 올라가라고
그래야 한다고. 나를 부추기는 솔바람 속에서
내 막막함도 올라간다. 번쩍 제정신이 든다.

정신이 들 때마다 우짖는 내 속의 목탁새들
나를 깨운다. 이 세상에 없는 길을
만들 수가 없다. 산 옆구리를 끼고
절벽을 오르니, 천불산(千佛山)이
몸속에 들어와 앉는다.
내 맘속 수수밭이 환해진다.

詩 마음을 네모진 돌과 같이 하라는 말씀이 있다. 비가 떨어져도 깨지지 않고 바람이 불어도 움직이지 않는 네모진 돌. 그러나 우리네 마음이 어디 그러한가. 마음은 사나운 코끼리에 비유되고 번갯불에 비유되고 원숭이에 비유되니 그 분주함과 변화무쌍을 제어하기 어렵다. 시시각각 생기면 사라지니 붙잡으려야 붙잡을 수 없다. 마음에는 '차츰'과 '조용히'와 '차근차근'이 살지 않는다. 마음은 근심의 주머니여서 고통에 결박되므로 큰 병의 뒤끝처럼 완쾌가 드물다.

　이 시는 쉬지 않는 마음을 수수밭의 일렁임에 빗대었다. 시인의 고백에 따르면 이 시는 강원도 어느 마을에서 만난 수수밭이 시 창작의 모티프가 되었다고 한다. 시인은 "죽음을 각오하고 떠난 여행길에서 살아 돌아온 마음으로 쓴 시"라고 고백했다. 바람결에 서럽게 서걱대는 수수밭에 앉아 통곡을 했다고도 했다. 그런 일이 있은 지 8년 만에 이 절창의 시는 태어났다고 했다. 시인은 암처럼 깊어진 삶의 그림자를 끌고 보리밭과, 수수밭과, 계곡 초입에 있었을 절을 지나 산을 올랐을 것이다. 속 빈 고사목을 두들겨 쪼는 까막딱따구리도 도중에 만나면서. 절벽에 홀로 섰을 때 산 아래 저쪽에서 아직도 쪼그리고 앉아 수수밭처럼 울고 있는 자신의 모습을 멀찍이서 보았을 것이다 비로소 고통마저 사랑하게 되었을 것이다. 고통과 안온과 증오와 자애가 하나로 연결되어 있는 화엄의 생명 체계를 보았을 것이다. 저속하고 용렬한 세상과의 불화가 사라졌을 것이다.

천양희 시인은 1965년 박두진 시인의 추천으로 등단했다. 김승희 시인은 그녀의 시를 "고독 위에 새긴 존재의 찬란한 금속 세공과도 같다."라고 평했다. 아직도 원고지에 시를 쓰고, 시를 쓰기 전에는 꼭 손부터 깨끗이 씻는다는 시인.

"벌새는 1초에 90번이나/ 제 몸을 쳐서/ 공중에 부동자세로 서고"(「벌새가 사는 법」) 그녀는 혹독하게 그녀의 '몸을 쳐서' 시를 쓴다. 고통의 몸을 쳐서 쓴 시들이기에 그녀의 시편들은 존재들의 뒤편을 읽어 낸다. 문득 생의 뒤란으로 돌아가 만나게 되는 쓸쓸함과 욕됨과 근심의 얼굴을.

시집『너무 많은 입』에 실린 '시인의 말'은 그녀의 골똘한 시작(詩作)을 짐작하게 한다. "시 생각만 했다 시 생각만 하다가 세상에 시달릴 힘이 생겼다 생긴 힘이 있어 시 생각만 했다 그토록 믿어 왔던 시 오늘은 그만 내 일생이 되었다, 살아 봐야겠다".

절벽

이상

꽃이보이지않는다. 꽃이향기롭다. 향기가만개한다. 나는 거기묘혈을판다. 묘혈도보이지않는다. 보이지않는묘혈속에나는들어앉는다. 나는눕는다. 또꽃이향기롭다. 꽃은보이지않는다. 향기가만개한다. 나는잊어버리고재차거기묘혈을판다. 묘혈은보이지않는다. 보이지않는묘혈로나는꽃을깜빡잊어버리고들어간다. 나는정말눕는다. 아아. 꽃이또향기롭다. 보이지않는꽃이—보이지도않는꽃이.

詩 　아마도 시인은 꽃이 핀 것을 보고 있었을 것이다. 꽃잎이 둥글게 열리는 것과 꽃의 둘레를 달무리처럼 둥글게 감싸는 향기를 맡고 있었을 것이다. 시인은 그 둥근 공간에 들어가 자신의 몸을 눕힌다. 죽은 사람의 몸이 놓이게 되는 무덤의 구덩이 부분이 묘혈인데, 그처럼 오목하게 파인 곳에 자신의 몸을 눕힌다. 이 시는 시인의 다른 시에 비해 비교적 쉽게 읽히는 편이지만 문제적이기는 마찬가지다. 밝게 만개한 꽃과 비산하는 꽃향기의 반대편에 차디찬 주검과 서늘한 묘혈을 배치하고 있다. 열린 공중과 유폐된 땅 속, 두 공간은 서로 차단되어 멀리 떨어져 있다. 시인은 이 이격된 거리를 가파르고 낙차가 큰 절벽으로 인식하고 있는 듯하다. 이 시에도 병이 든 육체를 바라보는 시인의 황폐한 자의식이 드러나고 있다.
　이상(본명 김해경)은 실험적인 글쓰기를 보여 준 시인이자 소설가이다. 기이한 발상과 국어 문법을 파기한 그의 작품들은 당시에도 지금에도 파격 그 자체이다. 절망적인 근대의 시공간을 살아가는 자아의 분열과 의식 과잉을 그는 익히지 않고 날것 그대로 드러냈다.
　1934년 《조선중앙일보》에 연재한 「오감도」는 센세이션을 불러일으켰다. 독자들의 거센 항의가 빗발쳐 연재 15회 만에 전격적으로 중단되었다.(독자들은 이상의 시에 대해 "개수

작", "미친놈의 잠꼬대" 등의 화포와도 같은 말들을 동원해 비난을 퍼부었다.)

시인 이상에 대한 문단의 평가는 온도 차가 뚜렷했다. 희대미문의 문제아였고, 모던 보이였고, 모더니스트였고, 천재 작가였으며, "이상은 사람이 아니라 사건"(고은)이었고, "철 맞지 않게 모국어의 훼손에나 기여한 시인"(유종호)이었으며, 그는 "잉크로 글을 쓰지 않고 스스로 제 혈관을 짜서 시대의 혈서를 썼다."(김기림)

그러나 이상은 다방면에서 재능을 보여 주었다. 그는 미술에 솜씨가 있어 하융(河戎)이라는 이름으로 박태원의 신문 연재 소설 『소설가 구보씨의 일일』의 삽화를 직접 그렸다. 그의 시는 숫자와 도형의 사용, 공간 분할 등을 보여 주는바, 이것이 그가 한때 조선총독부 건축과 기수로 일한 전력과 무관하지 않았다.

이상은 일본으로 건너갔으나 불령선인(不逞鮮人)으로 일본 경찰에 체포되어 감금되었다가 신병 악화로 석방되었다. 그러나 앓고 있던 폐결핵이 악화되어 1937년 동경제대부속병원에서 영면했다. "레몬 향기를 맡고 싶다."라는 말을 남기고 26년 7개월의 짧은 생을 마쳤다.

조국

정완영

행여나 다칠세라 너를 안고 줄 고르면
떨리는 열 손가락 마디마디 애인 사랑
손 닿자 애절히 우는 서러운 내 가얏고여.

둥기둥 줄이 울면 초가삼간 달이 뜨고
흐느껴 목메이면 꽃잎도 떨리는데
푸른 물 흐르는 정에 눈물 비친 흰 옷자락.

통곡도 다 못하여 하늘은 멍들어도
피맺힌 열두 줄은 굽이굽이 애정인데
청산아 왜 말이 없이 학처럼만 여위느냐.

詩

　정완영 시인은 평생 한국의 정형시인 시조만을 위해 외길 인생을 살아왔다. 우리는 정완영 시인을 통해 "이 당대, 시조 분야의 숭고한 순교자적 상(像)"(박경용)을 만난다. 시조를 말할 때 가람 이병기와 노산(鷺山) 이은상을 먼저 말하고, 그 다음에 초정(草汀) 김상옥, 이호우를 말하고, 그 뒤에 백수(白水) 정완영을 세워 말한다. 그는 "백랑도천(白浪滔天) 같은 분노도 산진수회처(山盡水廻處)의 석간수 같은 설움도 시조 3장에 다 담으셨다."(조오현)

　박재삼 시인은 정완영 시인의 인간적인 면모를 숭앙해서 "조용하게 잘 참는 것이 있다."면서 야단스럽지 않고 기다릴 줄 아는 성품이 그를 시조의 거목이게 했다."라고 썼다.

　이 시조는 1962년 《조선일보》 신춘문예에 당선된 정완영 시인의 초기 작품이다. 조국의 슬픈 현실에 대한 안타까움이 절절하게 배어 있다. 시 「만경평야에 와서」에서 "애홉다 열루(熱淚)의 땅 내 조국은 날 울리고"라고 썼을 때처럼. 조국을 한 채의 국악기 가얏고(가야금)에 빗대면서 조국에 대한 큰 사랑을 노래하고 있다. 옛 시조의 행 배열을 살리면서 시종 장중한 어조로 감칠맛 나는 고유어를 사용했다. 청각에 시각을 한데 너무리는 감각적 이미지의 활용은 압권이다. 가얏고의 서러운 가락이 귀에 들리는 듯하고, 백의민족의 청사(青史)를 보는 듯하고, 한 마리 학의 고고한 성품을 가슴으로 마주하는 것 같다.

정완영 시인의 시조는 천부적이라고 할 수밖에 없는 수사와 우주적인 상상력을 자랑한다. "내가 입김을 불어 우리창을 닦아 내면/ 새 한 마리 날아가며 하늘을 닦아 낸다/ 내일은 목련꽃 찾아와 구름 빛도 닦으리."(「초봄」) 같은 시조를 보라. 무릎을 치며 저절로 감탄할 수밖에.

뿐만 아니라 정완영 시인은 정겨운 동시조도 많이 써 왔다.「분이네 살구나두」는 대표적이다. "동네서 젤 작은 집/ 분이네 오뚝살이/ 동네서 젤 큰 나무/ 분이네 살구나무/ 밤사이 활짝 펴 올라/ 대궐보다 덩그렇다."

"시조는 말로만 쓰는 시가 아니라 말과 말의 행간에 침묵을 더 많이 심어 두는 시"라고 말하는 그는 요즘도 매일 간곡하게 시조를 창작한다. 원로 시조시인의 이 창창(滄滄)한 뜻을 존경하지 않을 수 없다.

일찍이 나는

최승자

일찍이 나는 아무것도 아니었다.
마른 빵에 핀 곰팡이
벽에다 누고 또 눈 지린 오줌 자국
아직도 구더기에 뒤덮인 천 년 전에 죽은 시체.

아무 부모도 나를 키워 주지 않았다
쥐구멍에서 잠들고 벼룩의 간을 내먹고
아무 데서나 하염없이 죽어 가면서
일찌기 나는 아무것도 아니었다

떨어지는 유성처럼 우리가
잠시 스쳐 갈 때 그러므로,
나를 안다고 말하지 말라.
나는너를모른다 나는너를모른다.
너당신그대, 행복
너, 당신, 그대, 사랑

내가 살아 있다는 것,
그것은 영원한 루머어 지나지 않는다.

詩

　　1980년대 대표적인 여성 시인의 한 사람인 최승자. 그녀의 시는 송곳의 언어로 위선적인 세계와 정면으로 맞선 하나의 살의(殺意)였다. 가장 최승자답다는 이 충격적인 일갈을 혹시 기억하시는지. "개 같은 가을이 쳐들어온다./ 매독 같은 가을."(「개 같은 가을이」)
　　"시인은 여전히 컹컹거린다./ 그는 시간의 뼈를 잘못 삼켰다."(「시인」)라며 시인의 기본 성깔을 운운한 그녀는 삶의 고통과 세계의 위선을 거리낌 없이 폭로했다. 오직 자기 모욕과 자기 부정과 자기 훼손의 방식을 통해서.
　　이 시에도 폐광과 같은 유폐와 자기 방기가 있다. 시인은 "곰팡이"와 "오줌 자국"과 "죽은 시체"에 자기 존재의 흔적을 견준다. "나"라는 존재는 세상의 귓가를 정처 없이 떠돌다 사라지고 마는 "영원한 루머"일 뿐이라고 말한다. 자신의 삶을 저주받은 운명이라고 감히 말하며 아예 내 존재의 근거를 박탈해 버리려는 이런 듣기 거북한 발언은 그녀의 다른 시편에서도 흔하게 있다. 그녀에게 "이 조건 반사적 자동 반복적/ 삶의 쓰레기들.// 목숨은 처음부터 오물이었다."(「미망(未忘) 혹은 비망(備忘) 2」)
　　그러나 이 세상에 존재하는 것 자체가 아주 보잘것없는 일이라고 치부해 버리는 이런 발언에는 위선의 세계에 대한 강한 혐오와 저주가 끈질기게 숨겨져 있다. 그녀는 이 세계가 치유 불가능할 정도로 깊이 병들어 있다고 보았다. 세계가 비명으로 가득 차 있고, 탐욕의 넝마이며, 치명적인 질환을 앓고 있는데 누군들 그곳서 생존을 구걸하겠는가. 그러므로 내 존재를 루머도 없게 치워 달라고 할밖에.

그러므로 이 시에서 그녀가 독하고 날카로운 비유를 동원해 본인의 존재 자체를 혐오하고 스스로 욕되게 하는 것은 일종의 위악의 방식이다. 이 부패한 지상에서 더 이상 썩지 않으려고 '부정하는 법'을 그녀는 선택한 것이다.

세월은 길고 긴 함정일 뿐이며 오직 슬프하기 위해 이 세상에 태어 났다고 서슴없이 말하던 시인. '허무의 사제' 최승자 시인은 세상을 혹독하게 앓고 시를 혹독하게 앓았다.

그녀는 『빈센트, 빈센트, 빈센트 반 고흐』, 『자살 연구』, 『침묵의 세계』 등 주옥같은 역서를 낸 능력 있는 번역가이기도 하다. 그녀는 지금 병환 중이라고 들었다. 그래서 그런지 그녀가 세상에 내놓은 신작 시를 찾아 읽기가 쉽지 않다. 끔찍하게 독한 그녀의 시가 그립다. 그녀가 밤새 짜낸 '치욕의 망토'로 '귀 멀고 눈건' 우리들은 따스함을 얻겠지. 그녀가 시 「삼십 세」에서 "오 행복행복행복한 항복/ 기쁘다우리 철판깔았네"라고 쓴 것을 읽고 기이한 쾌감을 느꼈던 것처럼.

177

갈대 등본

신용목

    무너진 그늘이 건너가는 염부 너머 바람이 부리는 노복들이 있다
    언젠가는 소금이 설산(雪山)처럼 일어서던 들

    누추를 입고 저무는 갈대가 있다

    어느 가을 빈 둑을 걷다 나는 그들이 통증처럼 뱉어 내는 새떼를 보았다 먼 허공에 부러진 촉 끝처럼 박혀 있었다

    휘어진 몸에다 화살을 걸고 싶은 날은 갔다 모든 모의(謀

議)가 한 잎 석양빛을 거느렸으니

    바람에도 지층이 있다면 그들의 화석에는 저녁만이 남을 것이다

    내 각오는 세월의 추를 끄는 흔들림이 아니었다 초승의 낮달이 그리는 흉터처럼
    바람의 목청으로 울다 허리 꺾인 가장(家長)

    아버지의 뼈 속에는 바람이 있다 나는 그 바람을 다 걸어야 한다

詩

젊은 시인 신용목은 '바람 교도(敎徒)'(시인 박형준의 말)다. 그의 시 곳곳에는 바람이 불어오고 멈추고 쌓이고 흐른다. 독특한 것은 그가 포착하는 바람의 속성인데, 그의 생각에 바람은 쌓이는 것이면서 강하게 '무는 힘'을 갖고 있다. 예를 들면 "바람이 비의 칼집을 잡고 서는 날"(「바람 농군」)에서처럼 바람을 정지시켜 묶어 두거나, "느닷없이 솟구쳐 오르는 검은 봉지를/ 꽉 물고 놓지 않는/ 바람의 위턱과 아래턱"(「새들의 페루」), 혹은 "나는 바람의 백만 번째 어금니에 물려 있다"(「바람의 백만 번째 어금니」)라고 써 바람의 '무는 힘'을 강조한다. 아무튼 '바람 교도'답게 그의 시집을 펼치면 바람이 와르르 쏟아진다.

"그 바람을 다 걸어야 한다"는 문장이 모 기업의 에어컨 광고 문구로 사용되어 더 많은 이들에게 알려진 이 시에도 바람이 등장한다. 시인은 폐염전을 걸어가고 있다. 저녁 무렵이었을 테고, 갈대가 있는 곳에서 멈추어 섰을 것이다. 바람 속에서 갈대는 갈대숲에 깃든 새들을 "통증처럼 뱉어 내"고 있었을 것이다. 늦가을이었으므로 갈꽃이 진 갈대는 "촉"처럼 "화살"처럼 서 있고 시인은 그 갈대들을 보면서 세월의 한 참극과 풍파를 기억해 냈을 것이다. 아마도 가족사에 해당될 사건들을.(그래서 제목이 '갈대 등본' 아닌가. 우리가 동사무소에 가서 한 장씩 떼는 '주민등록등본'처럼.) 가족사 가운데서도 아버지와 관련된 과거의 일을 시인은 떠올렸을 것이다. 갈대처럼 누추를 입고 뼛속까지 바람의 지층이 나 있고, 바람의 목청으로 울다 이제는 꺾인 아버지를 보았을 것이다. 지금 시인이 서 있는 공간, 즉 폐염전과 빈 둑과 꺾인 갈대와 바람이 부는 이 공간이 마치 아버지라는 존재의 영역처럼 느껴졌을 것이다. 그러므로 "나는 그 바람을 다 걸어야 한다"는 표현에는 개인적인 참회를 통해 아버지와의 관계를 복원하려는 결심이 담겨 있는 것이다.

노숙자들의 이야기를 다룬 연극 「나비 눈」의 대본을 쓰기도 한 신용목 시인은 우리 주변 사람들의 '허기'를 돌본다. 이주 노동자, 구두 수선공, 시장통 사람들이 등장하는 그의 시는 따뜻하고 서글서글하다.

신용목 시인은 한국 서정시의 계보를 잇는 젊은 시인이라는 평가를 받고 있다. 다음과 같은 시는 그런 평가에 대한 신뢰를 갖게 한다. "밤의 입천장에 박힌 잔이빨들, 뾰족하다// 저 아귀에 물리면 모든 죄가 아름답겠다// 독사의 혓바닥처럼 날름거리는, 별의 갈퀴// 하얀 독으로 스미는 죄가 나를 씻어 주겠다"(「별」).

해바라기의 비명(碑銘)
― 청년 화가 L을 위하여

함형수

나의 무덤 앞에는 그 차거운 비(碑)ㅅ돌을 세우지 말라.
나의 무덤 주위에는 그 노오란 해바라기를 심어 달라.
그리고 해바라기의 긴 줄거리 사이로 끝없는 보리밭을 보여 달라.
노오란 해바라기는 늘 태양같이 태양같이 하던 화려한 나의 사랑이라고 생각하라.
푸른 보리밭 사이로 하늘을 쏘는 노고지리가 있거든 아직도 날아오르는 나의 꿈이라고 생각하라.

詩

　　함형수 시인은 생전에 불과 17편의 시편을 남긴 것으로 알려져 있다. 가난해서 노동자 숙박소 등을 전전했지만 하모니카와 시 노트만은 꼭 갖고 다녔다. 한 여배우와 동거했지만 사랑에 실패하고 해방 이듬해인 1946년 정신착란증에 시달리다 북에서 숨졌다. 그는 평생 한 권의 시집도 펴내지 못했지만, 「해바라기의 비명」만큼은 많은 사랑을 받았다.
　　《시인부락》은 서정주, 김달진, 김동리, 오장환, 김광균, 함형수 등이 참여한 시 동인지였다. (《시인부락》 동인들은 '생명파'로 불렸다.) 함형수 시인은 이 시를 1936년 《시인부락》 창간호에 발표했다. 우선 이 시를 읽으면 후기 인상파 화가인 빈센트 반 고흐의 「까마귀가 나는 밀밭」이나 「해바라기」 같은 그림이 떠오른다. '압생트'라는 싸구려 술을 많이 마셔서 물체가 노랗게 보이는 황시증에 시달렸다는 빈센트 반 고흐.(고흐는 술을 마시는 이유를 "노란 높은 음에 도달하기 위해서"라고 말했다.) 정신착란증으로 권총 자살한 빈센트 반 고흐의 죽음도 함형수 시인의 불우한 죽음과 겹쳐 읽혀진다. 실제로 함형수 시인이 '청년 화가 L을 위하여'라는 부제가 붙은 이 시를 창작하면서 빈센트 반 고흐의 열정적인 삶과 죽음을 염두에 두었는지는 헤아릴 수 없지만, 적어도 둘 사이에 적잖은 영향 관계가 있다고 분석하는 의견은 많다.

시인은 자신의 무덤 앞에는 묘비를 세우지 말라고 말한다. "차가운" 주검 앞에 세운 "차거운" 비석은 죽음을 완성하고, 죽음을 죽음으로 붙박는 것. 마치 널이 죽은 사람의 몸을 사방으로 서늘하게 가두듯이. 대신 노랗게 출렁이는, 태양처럼 열정적으로 타오르는 해바라기를 심어 달라고 말한다. 다함이 없는, 대해(大海)와 같은 보리밭의 생명력과 공중으로 높이 날아오르는 노고지리(종다리)의 꿈과 자유를 달라고 말한다. 노란 빛깔과 푸른 빛깔의 색채대비가 인상적인 이 시는 일제강점기의 고한(苦恨)을 넘어서면서, 몸과 사랑과 꿈의 죽음을 완강하게 거부하겠다는 시인의 의지가 시종 넘쳐 난다.

　　불교 경전에 "눈앞에 보이는 삶의 미미(微微)한 즐거움은 선화륜(旋火輪)과 같다."라고 했다. 선화륜은 횃불 같은 것을 손에 들고 빙빙 돌릴 때 생기는 불의 둥근 원을 말한다. 그만큼 삶의 즐거움은 허망하게도 머무르지 않고 흩어진다는 뜻이다. 그러나 우리가 삶을 지속시키는 이유는 무엇인가. 수미산 같고 큰 바다 같은 꿈이 있기 때문이다. 우리의 마음에 해바라기가 자라고 보리밭이 출렁이고 종다리가 날아오르게 하자. 보리밭의 너비와 종다리의 높이를 사랑하자. 함형수의 이 시가 우리에게 주는 불멸의 선물은 바로 그것일 것이다.

희미한 옛사랑의 그림자

김광규

4·19가 나던 해 세밑
우리는 오후 다섯 시에 만나
반갑게 악수를 나누고
불도 없이 차가운 방에 앉아
하얀 입김 뿜으며
열띤 토론을 벌였다
어리석게도 우리는 무엇인가를
정치와는 전혀 관계없는 무엇인가를
위해서 살리라 믿었던 것이다
결론 없는 모임을 끝낸 밤
혜화동 로터리에서 대포를 마시며
사랑과 아르바이트와 병역 문제 때문에
우리는 때묻지 않은 고민을 했고
아무도 귀 기울이지 않는 노래를
누구도 흉내 낼 수 없는 노래를
저마다 목청껏 불렀다

돈을 받지 않고 부르는 노래는
겨울밤 하늘로 올라가
별똥별이 되어 떨어졌다

그로부터 18년 오랜만에
우리는 모두 무엇인가 되어
혁명이 두려운 기성세대가 되어
넥타이를 매고 다시 모였다
회비를 만 원씩 걷고
처자식들의 안부를 나누고
월급이 얼마인가 서로 물었다
치솟는 물가를 걱정하며
즐겁게 세상을 개탄하고
익숙하게 목소리를 낮추어
떠도는 이야기를 주고받았다
모두가 살기 위해 살고 있었다

아무도 이젠 노래를 부르지 않았다
적잖은 술과 비싼 안주를 남긴 채
우리는 달라진 전화번호를 적고 헤어졌다
몇이서는 포커를 하러 갔고
몇이서는 춤을 추러 갔고
몇이서는 허전하게 동숭동 길을 걸었다
돌돌 말은 달력을 소중하게 옆에 끼고
오랜 방황 끝에 되돌아온 곳
우리의 옛사랑이 피 흘린 곳에
낯선 건물들 수상하게 들어섰고
플라타너스 가로수들은 여전히 제자리에 서서
아직도 남아 있는 몇 개의 마른 잎 흔들며
우리의 고개를 떨구게 했다
부끄럽지 않은가
부끄럽지 않은가
바람의 속삭임 귓전으로 흘리며

우리는 짐짓 중년기의 건강을 이야기했고
또 한 발짝 깊숙이 늪으로 발을 옮겼다

詩

　　이 시는 4·19 세대의 좌절과 절망을 노래한 4·19 세대의 만가(輓歌)이다. 김광규 시인은 한글로 교육을 받은 첫 세대로 4·19혁명이 일어난 1960년에 대학에 입학했다. 그는 이 시를 4·19혁명 이후 18년 만에 썼다. 중남미 보컬 그룹이 불러 1960년대 초반 크게 유행했던 노래와 동명의 제목이다.
　　터놓고 말하는 이 시는 굳이 설명이 필요 없을 듯하다. 변해 버린 세상과 변해 버린 사람들의 살풍경, 온데간데없는 열망과 초심(初心), 터럭만큼의 부끄러움조차 없게 된 양심, 판치는 속물주의와 물질주의. 이것을 시인은 부지불식간에 빠져 들게 된 깊숙한 '늪'이라고 부른다. 크게 호통을 치지 않는데도 이 시를 읽고 나면 뭉근하게 가슴이 저민다. 왜 그런가.
　　우리는 점점 어깨가 움츠러들고 왜소화되어 간다. "작아진다/ 자꾸만 작아진다/ (……)/ 모두가 장사를 해 돈 벌 생각을 하며 작아지고/ 들리지 않는 명령에 귀 기울이며 작아지고/ 제복처럼 같은 말을 되풀이하며 작아지고/ 보이지 않는 적과 싸우며 작아지고/ 수많은 모임을 갖고 박수를 치며 작아지고/ 권력의 점심을 얻어먹고 이를 쑤시며 작아지고/ 배가 나와 열심히 골프를 치며 작아지고/ 칵테일 파티에 가서 양주를 마시며 작아지고/ 이제는 너무 커진 아내를 안으며 작아진다"(「작은 사내들」). 시인은 어느덧 소시민이 되어 버린 우리에게 입장 없음과 순순히 따름이 정녕 우리가 고대한 초상이었느냐며 정직한 질문을 던진다. 면구스럽다.

독문학자이기도 한 김광규 시인은 일상시(日常詩)의 영역을 새롭게 개척한 시인이다. "김광규의 시는 그 생각에 비뚤음이 없으며 그 어조에 격렬한 부르짖음이 없으며 그 은유에 현란한 모호성이 없고 그 관심이 소박한 일상을 넘어서지 아니한다."(문학평론가 이남호) 그리하여 그의 시는 어렵지 않고, 친근하며, "아침나절에 맑은 정신으로 또박또박 써 내려간 것"(문학평론가 김영무) 같은 느낌을 준다.

김광규 시인 스스로도 자신의 시는 오페라에 있어서의 레치타티보(서창)쯤에 해당한다고 말한다. 그의 시는 아리아처럼 목청을 높여 외치지는 않는다. 다만 낮게 중얼중얼거릴 뿐. 하지만 이 중얼거림은 살기 바쁜, 살기 위해서 살아가는, 배불리 먹는 일에 열중인 우리를 거북하게 만든다. 마치 맨발로 사금파리를 밟은 듯하게. 일례로 그는 우리를 '4월의 가로수'에 섬뜩하게 빗댄다. 우리의 모습이 "팔다리까지 잘려/ 봄바람 불어도 움직일 수 없고/ 토르소처럼 몸통만 남아"(「4월의 가로수」) 있는 수양버들이라니! 그러나 둘러댈 말이 없다.

4·19혁명 기념일이 다가오면 이 시를 다시 읽게 된다. 까슬까슬하게 카랑카랑하게 살자고 다짐하면서.

서시

이시영

어서 오라 그리운 얼굴
산 넘고 물 건너 발 디디러 간 사람아
댓잎만 살랑여도 너 기다리는 얼굴들
봉창 열고 슬픈 눈동자를 태우는데
이 밤이 새기 전에 땅을 울리며 오라
어서 어머님의 긴 이야기를 듣자

詩

　이시영 시인을 떠올리면 그가 늘 쓰고 다녔던 검고 둥글고 큰 뿔테 안경과 그 너머의 빛나는 안광이 생각난다. 깡마른 체구와 또각또각 한마디씩 끊어 가며 내놓는 정직한 말이 생각난다. 그는 1974년 문인들의 민주화 운동 조직이었던 자유실천문인협의회 결성에 참여한 이후 엄혹의 시대와 맞서는 문인의 길을 걸었다. 이로 인해 연행되고 구금되는 아픔을 겪어야 했다. 1989년《창작과비평》주간으로 있을 때 황석영의 북한 방문기 『사람이 살고 있었네』를 잡지에 게재했다는 이유로 구속되기도 했다. 그런 체험과 시대에 대한 울분을 선혈의 언어로 기동력 있게 쓴 것이 그의 민중시였다.

　첫 시집 『만월』에 수록된 이 시에도 그의 발자취와 육성이 살아 있다. 이 시는 어둠의 시대를 살다 실종되고 도피 중인 동지가 돌아오기를 갈망하고 있다. 압수되고, 두들겨 맞고, 체포당한 자유와 민주주의와 인권과 평등과 평화가 어서 빨리 돌아오기를 열망하고 있다. 댓잎이 살랑이는 소리까지 들을 수 있는 숨 막히는 고요가 기다림의 절절함이라면, 천지를 쿵쿵 울리는 역동적인 발소리는 돌아옴의 당위에 해당한다.

　이시영 시인은 민중시를, 이야기시를, 우리말을 세공한

단시(短詩)를 선보여 왔다. 근년에는 질곡의 한국 현대사를 스크럼을 짜고 함께 통과해 온 인물들을 전면에 등장시키는 시를 써내고 있다. 광주일고 1학년 생활기록부에 장래 희망을 법관으로 적어 놓은 해방 전사 김남주, 휘파람 잘 부는 송영, 마포추탕집에서 쭈글쭈글한 냄비에 된장을 듬뿍 넣고 끓여 함께 먹던 조태일, 문단 제일의 재담가 황석영, 상갓집에 가면 제일 나중까지 엉덩이를 붙이고 앉아 있던 인심 좋은 이문구, 섬진강서 갓 올라와 창작과비평사 문을 벌컥 열고 사과 궤짝을 쿵 하고 바닥에 내려놓던 김용택 등등. 그는 지나간 옛일들을, 고통의 역사를 애틋하게 따뜻하게 불러낸다. 특히 송기원과의 두터운 교분을 자랑하는 시편들은 왁자하고 눈물겹다.(이시영 시인은 송기원, 이진행과 함께 '서라벌예대 문창과 68학번 삼총사'로 불리기도 했다.)

　이시영 시인은 "마치 이 세상에 잘못 놀러 나온 사람처럼 부재(不在)로서 자신의 고독과 대면하며 살아온 사람"(「시인」)이 바로 시인이라고 말한다. 그의 시는 '세상에서 가장 부드러운 기풍'이 되어 서러운 사람에게로 불어 간다. 가슴이 뭉클하다.

낙화

이형기

가야 할 때가 언제인가를
분명히 알고 가는 이의
뒷모습은 얼마나 아름다운가.

봄 한철
격정을 인내한
나의 사랑은 지고 있다.

분분한 낙화……
결별이 이룩하는 축복에 싸여
지금은 가야 할 때,

무성한 녹음과 그리고
머지않아 열매 맺는
가을을 향하여

나의 청춘은 꽃답게 죽는다.

헤어지자
섬세한 손길을 흔들며
하롱하롱 꽃잎이 지는 어느 날

나의 사랑, 나의 결별,
샘터에 물 고이듯 성숙하는
내 영혼의 슬픈 눈.

詩

　　꽃의 낙화에는 만행을 떠나는 수행자의 뒷모습이 있다. 미련 없이 돌아서기 때문에 낙화에는 구차도 요사도 없다. 아쉬움이 없을 리 없다. 이별은 등 뒤를 허전하게 만들고, 며칠 눈물을 돌게 할 것이다. 그러나 제때에 떠나감은 말끔하고 쾌적하다.
　　새잎이 돋고, 줄기가 힘차게 뻗고, 꽃이 벙글고, 꽃벌이 꽃의 외곽을 맴돌고, 비로소 어느 아침에는 꽃이 "하롱하롱" 지고, 꽃의 시간을 구구절절 기억하며 열매가 맺히고……. 우리의 몸과 마음도 이 큰 운행을 벗어나기 어렵다.
　　부귀는 빈천으로 바뀌고, 만남은 이별로 바뀌고, 건강은 늙고 죽음을 초래한다. 시시각각 바뀐다. 그래서 이런 것에는 견실성이 없다. 견실성이 없으므로 집착할 것이 못 된다. 불교에서는 "온갖 사물은 다 없어질 것이어서 공중의 번개 같고, 굽지 않은 질그릇, 빌린 물건, 썩은 풀로 엮은 울타리, 모래로 된 기슭과 같다."라고 했다. 이형기 시인의 초기 시에 속하는 이 시는 집착 없음과 아름다운 물러남에 대해 생각하게 한다.
　　이형기 시인은 1950년 시 「비 오는 날」을 잡지 《문예》에 발표하면서 등단했다. 그때 그의 나이 열일곱 살. 최연소 등단 기록이었다. "시란 본질적으로 구축해 놓은 가치를 허무화시키는 작업이야. 시에 절대적 가치란 없어. 자꾸 다른 곳으로 가는 팔자를 타고난 놈들이 시인이야. 그 무엇이건 전적으로 수용하지 않으려는 정신의 자유 말이야." 그는 시 창작뿐만 아니라 소설, 평론, 시론, 수필 등에 이르기까지 열정적인 창작 활동을 펼쳤다. 초기에는 자연 서정을 선보였으나 현대 문명을 통렬하게 비판하는 악마적이고 그로테스크한 시 세계로 나아갔다. 그는 한국시사에서 사라짐에 대한 존재론적 미학을 선보였다.

"고독과 고통은 시인의 양식"이라고 말했던 그는 뇌졸중으로 쓰러져 오랜 투병 생활을 했다. 그러나 고통스러운 병석에 있으면서도 그는 아내의 대필로 시를 계속 창작했다. 그는 슬픔에 휩싸인 사람들을 위로하며 이렇게 아포리즘을 남겼다. "슬퍼할 수밖에 없는 일이 이 세상에는 적지 않다. 그때는 슬퍼해 봐도 물론 아무 소용이 없는 일이다. 그러나 아무 소용이 없기 때문에 슬퍼한다는 사실을 기억해야 한다. 슬픔은 그 자체가 목적이 될 수 있는 것이다. 그리고 그런 슬픔은 가장 순수하고 따라서 값지다."

추일서정(秋日抒情)

김광균

낙엽은 폴-란드 망명정부의 지폐
포화(砲火)에 이즈러진
도룬 시의 가을 하늘을 생각케 한다.
길은 한 줄기 구겨진 넥타이처럼 풀어져
일광(日光)의 폭포 속으로 사라지고
조그만 담배 연기를 내어 뿜으며
새로 두 시의 급행차가 들을 달린다.
포플라나무의 근골(筋骨) 사이로

공장의 지붕은 흰 이빨을 드러내인 채
한 가닥 꾸부러진 철책이 바람에 나부끼고
그 우에 세르팡지로 만든 구름이 하나.
자욱-한 풀버레 소리 발길로 차며
호올로 황란한 생각 버릴 곳 없어
허공에 띄우는 돌팔매 하나.
기울어진 풍경의 장막 저쪽에
고독한 반원을 긋고 잠기어 간다.

詩

　　김광균 시인은 1930년대 후반 회화적 이미지즘의 새로운 문법을 선보였다. 모더니즘 시론가 김기림은 "소리조차를 모양으로 번역하는 기이한 재주를 가진 시인"이라고 평했다.
　　김광균의 시는 독자들의 눈앞에 한 장 한 장의 데생을 그려 보이는 작법을 구사했다. 이런 데에는 김광균이 미술에 관심이 많았고, 많은 화가와 직・간접적으로 교우한 영향이 컸다. 김광균은 고흐의 그림을 처음 접한 충격을 이렇게 고백했다. "고흐의 「수차(水車)가 있는 가교(假橋)」를 처음 보고 두 눈알이 빠지는 것 같은 감동을 느낀 것도 그 무렵이다. 그때 느낀 유럽 회화에 대한 놀라움은 지금도 생생하다."
　　그는 섬세한 감각의 촉수로 "구름은/ 보랏빛 색지 우에/ 마구 칠한 한 다발 장미"(「뎃상」)로 표현했고, 흰 눈이 내리는 모습은 "먼-곳에 여인의 옷 벗는 소리"(「설야」)로 표현했고, 성교당(聖敎堂)의 종소리는 "분수처럼 흩어지는 푸른 종소리"(「외인촌」)로 빛나게 노래했다.
　　마치 먼지 낀 삽화를 보는 듯한 느낌을 주는 이 시에서도 그는 공허하고 고독하고 스산한 마음을 '모양으로 번역' 해 인상적으로 드러낸다. 시인은 낙엽을 보면서 망명정부에서 발행하는 무가치한 지폐를 떠올리고, 폐허가 된 도룬(토룬)

시(市)의 공백(空白)한 하늘을 떠올린다. 구불구불한 길은 "구겨진 넥타이"로 잎이 다 떨어진 포플러 나목은 초라한 "근골"로, 불투명하고 얇은 구름은 "세로팡지(셀로판지)"로 표현함으로써 아주 구체적으로 대상을 조형한다. 낙엽을 망명정부의 무용한 지폐에 비유하거나, 공장의 지붕을 단단하고 날카로운 이빨에 비유하는 대목에서는 도시적 문명에 대한 시인의 비판 의식도 엿볼 수 있다. 이 시에 나타나는 황량한 심사는 모색(暮色) 그득한 그의 다른 시편들에서도 자주 나타난다. 이러한 상실감과 창백한 감상(感傷)은 가족들의 죽음, 실향 등의 정신적 외상에서 비롯되었다. 해서 혹자는 김광균을 '엘레지의 시인'이라고 부르기도 했다.

 1926년 열두 살의 나이로 《중외일보》에 처음 시를 발표하면서 천부적인 시안(詩眼)을 자랑했던 김광균 시인은 1950년대로 접어들면서부터는 한동안 시를 쓰지 않았다. 납북된 동생의 사업을 인수해 사업가로 변신했다. 그렇지만 그는 안개 자욱하던 한국 시단에 장명등(長明燈) 하나를 켜 놓았다. 아직도 그곳서 가늘고 고단한 불빛이 새어 나오며 밤을 밝히고 있다.

참깨를 털면서

김준태

산그늘 내린 밭 귀퉁이에서 할머니와 참깨를 턴다.
보아하니 할머니는 슬슬 막대기질을 하지만
어두워지기 전에 집으로 돌아가고 싶은 젊은 나는
한 번을 내리치는 데도 힘을 더한다.
세상사에는 흔히 맛보기가 어려운 쾌감이
참깨를 털어 대는 일엔 희한하게 있는 것 같다.
한 번을 내리쳐도 셀 수 없이
솨아솨아 쏟아지는 무수한 흰 알맹이들
도시에서 십 년을 가차이 살아 본 나로선
기가 막히게 신나는 일인지라
휘파람을 불어 가며 몇 다발이고 연이어 털어 댄다.
사람도 아무 곳에나 한 번만 기분 좋게 내리치면
참깨처럼 솨아솨아 쏟아지는 것들이
얼마든지 있을 거라고 생각하며 정신없이 털다가
"아가, 모가지까지 털어져선 안 되느니라"
할머니의 가엾어하는 꾸중을 듣기도 했다.

詩

"아아, 광주여 무등산이여/ 죽음과 죽음 사이에/ 피눈물을 흘리는/ 우리들의 영원한 청춘의 도시여// 우리들의 아버지는 어디로 갔나/ 우리들의 어머니는 어디서 쓰러졌나/ 우리들의 아들은/ 어디에서 죽어 어디에 파묻혔나/ 우리들의 귀여운 딸은/ 또 어디에서 입을 벌린 채 누워 있나/ (……)/ 죽음으로써 죽음을 물리치고/ 죽음으로써 삶을 찾으려 했던/ 아아 통곡뿐인 남도의/ 불사조여 불사조여 불사조여". 5·18 광주민주화운동을 최초로 형상화한 이 시 「아아 광주여, 우리나라의 십자가여」를 썼던 시인이 바로 김준태이다.

이 시는 1980년 6월 2일자 《전남매일》 1면에 일부 게재되었고, 전 세계 외신을 타고 나라 밖으로도 알려졌다. 이 시 발표 후 《전남매일》은 강제 폐간되었고, 김준태 시인은 재직하던 전남고교에서 해직되었다.

남도의 입심을 잘 살려 가며 시를 써내는 김준태 시인. 그의 시 세계의 원적(原籍)은 농민시이다. 첫 시집 『참깨를 털면서』에서도 그랬고, 그 이후 발표한 「밭시」 연작에서도 그랬다. "칼과/ 흙이 싸우면/ 어느 쪽이 이길까// 흙을/ 찌른 칼은/ 어느새/ 흙에 붙들려/ 녹슬어 버렸다"(「칼과 흙—밭시(詩) 52」). 그는 흙의 건강한 생명력을 강하게 신뢰하는 시인이다.

시「참깨를 털면서」는 김준태 시인의 데뷔작이다. 밭에서 할머니와 "도시에서 십 년을 가차이 살아 본 나"가 참깨를 털고 있다. 할머니는 깻단을 슬슬 막대기질하지만, '나'는 산그늘이 내려 날이 어둑어둑해지자 조바심을 낸다. 명령하듯 깻단을 한 번 내리치면 복종하듯 쏴아쏴아 쏟아지는 깨알들이 기막히게 신기하고 신이 난다. 그예 모가지까지 털다가 꾸중을 듣는다. 목숨 가진 것에 대한 조금의 외경도 포용도 없이 무턱대고 털어 대는 쾌감에 정신없으니 왜 혼나지 않겠는가. 이 시를 읽으면서, 인간의 본직을 잘 잊고 사는 나도 참깨 농사뿐만 아니라 사람 농사까지 원융(圓融)하게 지어 온 그 할머니로부터 꺼끌꺼끌한 사투리로 꾸중을 듣고 싶어진다.
　준엄한 역사의식으로 당대에 대응해 우직하게 노래하는 김준태 시인의 또 다른 관심사는 통일 문학이다. 말을 구부리거나 곧은 문장을 비틀어서 만든 시 아니라 '심장을 싸늘하게 감싸는' 시를 찾는다는 그는 이렇게 말한다. "언제나 안테나의 촉수가 쉴 새 없이 작동되어야 하고 상황이 타전이 되어오면 재빠르게 이웃에게 알려 주어야 하는 혹은 예언의 나팔을 불어 주어야 하는 사람들이 이름하여 시인이 아니던가." 현실로부터 비켜서지 않는 그의 열정은 폭포스 같다.

가지가 담을 넘을 때

정끝별

이를테면 수양의 늘어진 가지가 담을 넘을 때
그건 수양 가지만의 일은 아니었을 것이다
얼굴 한번 못 마주친 애먼 뿌리와
잠시 살 붙였다 적막히 손을 터는 꽃과 잎이
혼연일체 믿어 주지 않았다면
가지 혼자서는 한없이 떨기만 했을 것이다

한 닷새 내리고 내리던 고집 센 비가 아니었으면
밤새 정분만 쌓던 도리 없는 폭설이 아니었으면
담을 넘는다는 게
가지에게는 그리 신명 나는 일이 아니었을 것이다
무엇보다 가지의 마음을 머뭇 세우고
담 밖을 가둬 두는
저 금단의 담이 아니었으면
담의 몸을 가로지르고 담의 정수리를 타 넘어
담을 열 수 있다는 걸

수양의 늘어진 가지는 꿈도 꾸지 못했을 것이다

그러니까 목련 가지라든가 감나무 가지라든가
줄장미 줄기라든가 담쟁이 줄기라든가

가지가 담을 넘을 때 가지에게 담은
무명에 획을 긋는
도박이자 도반이었을 것이다

詩

　　정끝별 시인의 시는 경쾌하다. 언어에 용수철 같은 탄력
이 있고 집중력 있게 나아간다. 그녀의 시는 '불붙는 것'을
읽어 내는 솜씨가 있다. 시적 대상이 갖고 있는 상반된 성격
을 동시에 읽어 내는 놀라운 수품(手品). 하나 속에 들어 있
는 상반된 성격의 팽팽한 대립을 말할 때 그녀의 시는 유니크
하다. 그녀의 시는 모임과 빠져나감, 격렬함과 멸렬함, 달아
남과 풀어 줌 등 이 세상의 모든 시적 대상이 아마도 갖고 있
을 상반된 두 성격, 한데 엉킨 두 성격을 표현한다. 해서 "세
상 밖으로 뛰쳐나가려는 열망을 추슬러서 세상 안으로 돌아
와 자리 잡을 때 정끝별의 시에는 물기가 번지고 리듬이 인
다."(소설가 김훈의 말)
　　이 시에서도 시인은 허공에 혹은 담장에 맞닥뜨린 가지의
엉킨 두 마음을 읽어 낸다. 사람에게도 그렇듯이 새로운 영역
과 미래로의 진입을 위해 첫발을 떼는 순간은 두렵고 떨리는
마음과 감행의 신명이 공존할 것이다. 다만 가지가 담을 넘어
서는 데에는 혼연일체의 믿음이 있기 때문에 가능한 것. 그것
을 범박하게 사랑이라고 부를 수 있지 않을까. 이 사랑의 배
후로써 우리는 금단과 망설임과 삶의 궁기(窮氣)를 넘어선
다. 사랑 아니라면 어떻게 한낱 가지에 불과한 우리가 이 세

상의 허공을, 허공의 단단한 담을, 허공의 낙차 큰 절벽을 건너갈 수 있겠는가.

정끝별 시인은 시 「나도 소리를 낸다」에서 우리의 삶은 "조율되지 않은 건반 몇 개로 지탱하고" 서 있는 것이라고 말한다. "낡아 가는 악기는 쉬지 않고 음악 소리를 낸다. 나 딸 나 애인 나 아내 나 주부 나 며느리 나 학생 나 선생 등 나는 엄마 그리고 그리고 대대손손 아프디아픈 욕망의 음계 전 생을 손가락에 실어 도레토 라시토 미미미". 이 시에서처럼 그녀의 시는 삶의 상처를 솔직하게 드러내면서 그것을 딛고 나아간다. 길의 상처를 받아들이면서 나아가는 타이어의 둥근 힘처럼. 조율되지 않았지만 그래도 '도레토 라시토 미미미'가 없다면 우리 삶의 악보는 진혼곡 그 자체일 터. 그녀의 시가 각별한 것은 '도레토 라시토 미미미'의 음계를 연주하는, 이 특별한 식미(食味)에 있다.

바람을 표절하고, 싱싱한 아침 냄새를 표절하고, 나무를 쪼는 딱다구리의 격렬한 사랑을 표절하는 '불굴의 표절 작가'가 되고 싶다는 정끝별 시인. 그녀의 시는 봄나물처럼 생기발랄하다. 부럽게 상큼한 맛으로 그녀의 시는 우리의 입맛까지 살려 준다.

비망록

김경미

햇빛에 지친 해바라기가 가는 목을 담장에 기대고 잠시 쉴 즈음. 깨어 보니 스물네 살이었다. 신은, 꼭꼭 머리카락까지 졸이며 숨어 있어도 끝내 찾아 주려 노력하지 않는 거만한 술래여서 늘 재미가 덜했고 타인은 고스란히 이유 없는 눈물 같은 것이었으므로.

스물네 해째 가을은 더듬거리는 말소리로 찾아왔다. 꿈 밖에서는 날마다 누군가 서성이는 것 같아 달려 나가 문 열어 보면 아무 일 아닌 듯 코스모스가 어깨에 묻은 이슬발을 툭툭 털어 내며 인사했다. 코스모스 그 가는 허리를 안고 들어와 아이를 낳고 싶었다. 석류 속처럼 붉은 잇몸을 가진 아이.

끝내 아무 일도 없었던 스물네 살엔 좀 더 행복해져도 괜찮았으련만. 굵은 입술을 가진 산두목 같은 사내와 좀 더 오래 거짓을 겨루었어도 즐거웠으련만. 이리 많이 남은 행복과 거짓에 이젠 눈발 같은 이를 가진 아이나 웃어 줄는지. 아무 일 아닌 듯   해도.

　절벽엔들 꽃을 못 피우랴 강물 위인들 걷지 못하랴 문득 깨어나 스물다섯이면 쓰다 만 편지인들 다시 못 쓰랴. 오래 소식 전하지 못해 죄송했습니다. 실낱처럼 가볍게 살고 싶어서였습니다. 아무것에도 무게 지우지 않도록.

詩

누구든 삶의 중요한 골자를 적는 하나의 비망록을 갖고 있다. 생(生)의 사건은 낙차가 있고, 중립이 없으므로, 그 자체로 강렬하지 않은 생의 시간은 없다. 어떤 과거는 해약하고 싶어진다. 어떤 과거는 지금에라도 더 꽃피우고 싶어진다. 어느 때는 폭풍이 지나가는 바닷가처럼 스산하고 절벽처럼 위태위태해 시큰한 냉기가 돌기도 한다. 어느 때는 사랑이 붉은 가슴에게로 오지만 눈물의 손바닥이 얼굴을 덮는 밤도 있다. 우리는 이 사건들을 모두 속기할 수는 없다. 갈피를 잡지 못해 헤매는 미망(迷妄) 속에 살면서 잊을 수 없는 미망(未忘)만을 기록할 뿐.

김경미 시인의 데뷔작인 이 시에는 스물네 살에서 스물다섯 살로 넘어가는 나이의, 섬세한 감성을 소유한 여성이 등장한다. 신은 그녀의 절망을 구원하지 않았고, 그녀가 만나는 이들은 팔뚝으로 눈물을 훔쳤으며, "산두목 같은 사내"는 끝내 그녀의 사랑이 되지 못했다. "아무 일도 없었던" 스물네 살. 그러나 젊은 열정이 어딘들 못 나서랴. "절벽엔들 꽃을 못 피우랴 강물 위인들 걷지 못하랴". 그예 젊은 열정은 생의(生意)를 내는 것. 마치 견고한 배는 풍랑에도 해를 입지 않듯이. 미래에 대한 이 적극적인 의욕은 시 「겨울 강가에서」에도 드러난다 "딸아 기다림은 이제 행복이 아니니/ 오지 않는 것은/ 가서 가져와야 하고/ 빼앗긴 것들이 제 발로 돌아오는 법이란 없으니/ 네가 돋소 가지러 갈 때/ 이 세상에/ 닿지 않는 곳이란 없으리". 그러나 이 굽히지 않는 마음이 20대의 젊음에게만 있을쏜가. 우리는 또 내일을 만나고, 내일은 동백의 페이지이고, 내일은 새롭게 써야 할 비망록인 것을.

고형렬 시인의 표현대로, 김경미 시인은 "맵차고도 직정적인 여성 시인"이다. 그녀는 자기혐오와 자기부정을 통해 자신과 전면전을 치르는 시인이다. 해서 그녀의 시는 이 세상의 패악과 간활함에 맞선다. 시 「나의 서역」의 도발적인 허무는 또 어떤가. "서로 편지나 보내자 삶이여/ 실물은 전부 헛된 것/ 만나지 않는 동안만 우리는 비단 감촉처럼 사랑한다 사랑한다 죽도록/ 만날수록 동백꽃처럼 쉽게 져 버리는 길들/ 실물은 없다 아무 곳에도/ 가끔 편지나 보내어라". 이렇게 솔직하게 속내를 꺼내 보이는 시를 읽고 나면 우리는 다시 만나고 싶어진다. 다시 만나 동백꽃처럼 모가지를 꺾으며 서로를 외면하게 될지라도. 다시 만나 과거의 비망톡을 다시 열람하려는 용기, 그것이 우리의 가슴에 아직 남아 있는 그리움 아니겠는가.

오산 인터체인지

조병화

자, 그럼
하는 손을 짙은 안개가 잡는다
넌 남으로 천 리
난 동으로 사십 리
산을 넘는
저수지 마을
삭지 않는 시간, 삭은 산천을 돈다
등(燈)은, 덴막의 여인처럼
푸른 눈 긴 다리
안개 속에 초초히
떨어져 서 있고
허허들판
작별을 하면
말도 무용해진다
어느새 이곳
자, 그럼

넌 남으로 천 리
난 동으로 사십 리.

詩 「오산 인터체인지」를 다시 읽는다. 삶과 죽음의 갈림길이 보인다. 사랑이 갈라서는 것이 보인다. 맞잡았다 놓는 당신과 나의 손을 안개가 물컹물컹 잡아 쥔다. 안개를 두른 당신과 나의 행로에 대해 알 방도가 없다. 나는 동쪽으로 사십 리를 가야지만, 당신은 남쪽으로 천 리를 가야 한다. 내가 가야 할 거리보다 당신이 가야 할 거리가 까마득하게 더 멀다. 당신이 나를 떠나보내는 거리보다 내가 당신을 떠나보내는 거리가 훨씬 멀다. "자, 그럼"이라는 대목은 또 어떤가. 가슴이 아프다. "자, 그럼"이라는 표현에는 뒤편이 숨겨져 있기 때문이다. 나는 당신에게 당신은 나에게 단호한 듯 순응하는 듯 "자, 그럼"이라고 말하지만, 그 음색에는 애써 숨긴 슬픔의 기색이 역력하다.

이 시에서처럼 조병화 시인은 단독자인 인간의 숙명적인 고독과 밀통하고 내통했다. 꾸밈이 없는 어투로 그는 생애 내내 우리네 도시인들의 슬픔을 노래했다. "사랑하는 사람아/ 너는 내 비밀을 아느냐// 나는 아직 어려서// 슬픔이 나의 빛/ 나의 구원/ 나의 능력"(「너는 나의 빛」). 그는 '편운(片雲)'이라는 호를 썼다.

1949년 시집 『버리고 싶은 유산』의 발간을 계기로 등단한 후 유고 시집을 포함해 총 53권의 창작 시집과 시론집, 수필집 등 무려 160여권의 저서를 출간했다. 그는 럭비와 그림을 좋아했다. 럭비 선수로 일본 원정까지 다녀온 것으로 알려져 있다. 그림에도 상당한 솜씨가 있었다. 여백을 넉넉하게 살린 그림을 즐겨 그려 여러 권의 화집을 냈고 개인전도 여러 번 가졌다. 그는 시를 쉽게, 빨리 쓰되 한 차례 쓰고 난 뒤에는 그냥 내버려 두었다고 한다.(애써 쓴 시를 짐짓 모르는 척 내버려 두는 시간은 참으로 적막하였을 것이다.) 내버려 둔 시가 며칠 후에 다시 눈에 밟히면 고쳐 썼고, 눈에 어른거리지 않으면 매몰스레 아예 버렸다고 한다.

박재삼 시인은 "조병화 시인의 시에서는 어디서든 난해한 데라곤 없다. 그저 술술 읽히는 마력을 가지고 있는 것이다."라고 했다. 시 「어머니」도 난해한 데라곤 없다. "어머님은 속삭이는 우주/ 속삭이는 사랑/ 속삭이는 말씀/ 속삭이는 샘"이라고 그는 썼다. 담담하게 말할 뿐이다. 그러나 이런 담담함은 더 감당을 못하겠다. 나직하고 담담하게 말하는 사람의 내상이 더 깊다는 것을 알기 때문이다. "자, 그럼"이라고 말하며 작별을 고하는 사람, 그이에게는 "말도 무용해진다".

모란이 피기까지는

김영랑

모란이 피기까지는
나는 아직 나의 봄을 기다리고 있을 테요
모란이 뚝뚝 떨어져 버린 날
나는 비로소 봄을 여읜 설움에 잠길 테요
오월 어느 날 그 하루 무덥던 날
떨어져 누운 꽃잎마저 시들어 버리고는
천지에 모란은 자취도 없어지고
뻗쳐오르던 내 보람 서운케 무너졌느니
모란이 지고 말면 그뿐 내 한 해는 다 가고 말아
삼백예순 날 하냥 섭섭해 우옵네다
모란이 피기까지는
나는 아직 기다리고 있을 테요 찬란한 슬픔의 봄을

詩

김영랑의 본명은 윤식(允植). 1915년 결혼했으나 일찍 상처(喪妻)했다. 아내를 잃은 슬픔을 "쓸쓸한 뫼 앞에 후젓이 앉으면/ 마음은 갈앉은 양금줄같이/ 무덤의 잔디에 얼굴을 부비면/ 넋이는 향 맑은 구슬 손같이/ 산골로 가노라 산골로 가노라/ 무덤이 그리워 산골로 가노라"(「쓸쓸한 뫼 앞에」)라고 노래했다. 고향인 강진에서 만세 운동을 모의하다가 체포되어 6개월간 옥고를 치르기도 했다. 일본 유학 때에는 무정부주의자 박열과 가깝게 지냈고, 창씨개명과 신사참배를 끝까지 거부했다. 1950년 9·28수복 때 유탄에 맞아 애석하게도 운명했다.

김영랑은 '내 마음'을 많이 노래했다. 초기 시에서는 '내 마음'을 빛나고 황홀한 자연에 빗대어, 주로 3·4음보 4행시에 담아 은은하고 섬세하게 노래했다. 잡된 것이 섞이지 않은 깨끗한 자연에 순결한 마음을 실어 노래했다. 이것은 불순하고 추악한 식민지 현실을 대립적으로 드러내려는 속내가 있었다.

이 시를 김영랑은 나이 서른 살을 갓 넘긴 무렵에 썼다. 모란이 피기를 기다리는 나의 꿈과 그 시간의 보람, 모란이 지고 난 후의 설움과 불모성을 함께 노래했다. 이 시는 찬란한 광채의 '절정에 달한' 시간은 포착하듯 짧게 처리하면서 음울과 부재의 시간을 길고도 지속적으로 할애하는 데 시적 묘미가 있어 보인다. 시인은 낙화 후의 사건을 아주 비중 있게 다루고 있다. "떨어져 누운 꽃잎"의 시듦뿐만 아니라, 시듦 이후의 건조와 아주 사라짐을 상세하게 다루고 있다. 물론 이렇게 한 데에는 모란이 피는 희귀한 일의 극명한 황홀을 강조하기 위함이 있었을 것이다. 이 시는 감미로운 언어의 울림을 살려 내는 난숙함이 유감없이 발휘되고 있고, '눈물 속 빛나는 보람과 웃음 속 거두운 슬픔'을 특별하게 읽어 낼 줄 알았던 영랑의 유다른 안목과 영리함을 엿볼 수 있게 한다.

시가 사람이라면 그이는 무엇을 간곡하게 바라며 뛰는 가슴인가. 많은 시들이 울분과 슬픔의 감정을 표표하게 표현하지만, 그것은 우리의 삶이 더 찬란한 쪽으로 몰아쳐 가기를 바라는 열망에 기초해 있다. 한 편 한 편의 시는 그런 마음의 예감과 기미를 보여 주는 것이기에 아무리 작은 것을 노래해도 이미 뜨겁고 거대하다.

이저 당신의 마음은 "돌담에 속삭이는 햇발같이/ 풀 아래 웃음 짓는 샘물같이" 살아라. '허리통이 부드럽게' 드러난 보리의 오월을 보아라. 신록의 눈동자로 살아라. 당일(當日)에도 명일(明日)에도 우리네 마음은 '향 맑은 옥돌'이요, 은물결이오구.

시의 출처

아래의 시들은 다음의 시집에 수록되어 있습니다.

「풀」, 『김수영 전집 1』, 김수영, 민음사
「즐거운 편지」, 『삼남에 내리는 눈』, 황동규, 민음사
「동천」, 『미당 시전집 1』, 서정주, 민음사
「묵화」, 『북치는 소년』, 김종삼, 민음사
「저녁눈」, 『강아지풀』, 박용래, 민음사
「한계령을 위한 연가」, 『남자를 위하여』, 문정희, 민음사
「푸른 곰팡이—산책시 1」, 『산책시편』, 이문재, 민음사
「산문에 기대어」, 『산문에 기대어』, 송수권, 문학사상사
「산정묘지 1」, 『산정묘지』, 조정권, 민음사
「사라진 손바닥」, 『사라진 손바닥』, 나희덕, 문학과지성사
「소」, 『소』, 김기택, 문학과지성사
「긍정적인 밥」, 『모든 경계에는 꽃이 핀다』, 함민복, 창비
「박꽃」, 『무인도를 위하여』, 신대철, 문학과지성사
「겨울-나무로부터 봄-나무에로」, 『겨울-나무로부터 봄-나무에로』, 황지우, 민음사
「너와집 한 채」, 『물 건너는 사람』, 김명인, 세계사
「어디로?」, 『풍경 뒤의 풍경』, 최하림, 문학과지성사
「서시」, 『윤동주 자필 시고전집』, 윤동주, 민음사
「봄」, 『우리들의 양식』, 이성부, 민음사
「내 몸속에 잠든 이 누구신가」, 『내 몸속에 잠든 이 누구신가』, 김선우, 문학과지성사

「나그네」,『박목월 시전집』, 박목월, 민음사
「상한 영혼을 위하여」,『아름다운 사람 하나』, 고정희, 푸른숲
「수묵 정원 9—번짐」,『왼쪽 가슴 아래께에 온 통증』, 장석남,
    창비
「울음이 타는 가을 강」,『박재삼 시전집』, 박재삼, 민음사
「눈물」,『김현승 시전집』, 김현승, 민음사
「섬진강 1」『섬진강』, 김용택, 창비
「의자」,『의자』, 이정록, 문학과지성사
「이탈한 자가 문득」,『황금빛 모서리』, 김중식, 문학과지성사
「방심」,『목련 전차』, 손택수, 창비
「마음의 수수밭」,『마음의 수수밭』, 천양희, 창비
「일찍이 나는」,『이 시대의 사랑』, 최승자, 문학과지성사
「갈대 등본」,『그 바람을 다 걸어야 한다』, 신용목, 문학과지성사
「희미한 옛사랑의 그림자」,『희미한 옛사랑의 그림자』, 김광규,
    민음사
「참깨를 털면서」,『참깨를 털면서』, 김준태, 창비
「가지가 담을 넘을 때」,『삼천갑자 복사빛』, 정끝별, 민음사
「비망록」,『쉿, 나의 세컨드는』, 김경미, 문학동네
「오산 인터체인지」,『나는 내 어둠을』, 조병화, 민음사

어느 가슴엔들
시가 꽃피지 않으랴
2

1판 1쇄 펴냄 · 2008년 6월 5일
1판 27쇄 펴냄 · 2024년 7월 26일

지은이 · 한용운 외
엮고 해설 · 문태준
그린이 · 잠산
발행인 · 박근섭, 박상준
펴낸곳 · (주) 민음사

출판등록 1966. 5. 19. 제16-490호
서울특별시 강남구 도산대로1길 62(신사동)
강남출판문화센터 5층 (우편번호 06027)
대표전화 02-515-2000 / 팩시밀리 02-515-2007
www.minumsa.com

ⓒ 문태준, 2008. Printed in Seoul, Korea

ISBN 978-89-374-2643-8 04810
ISBN 978-89-374-2641-4 (세트)

* 잘못 만들어진 책은 구입처에서 교환해 드립니다.